ACTIVITY BOOK FOR TEENS

180 Brain Games and Puzzles for Teenagers

DEAR TEENAGER!

It's great that you have this book in your hands!

In this puzzle book, you will discover many cool puzzles that will surely bring you a lot of fun and joy.

What you will find in this book:
Different Sudokus, mazes, thermometer, find the words, snake, spider web with numbers, kakuro, brick wall, star Sudoku, Samurai Sudoku, and puzzle mandalas!

At the end of the book, you will find the solutions to each puzzle. The answers are sorted and numbered according to the puzzle names.
First, try to solve all puzzles by yourself.
Then you can compare your solution.
If a puzzle is too complex for you, then you know where you can find a clue.

Have fun and enjoy solving the puzzles!

CONTENTS

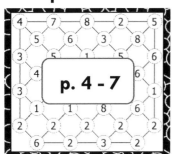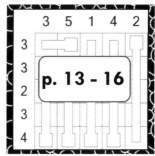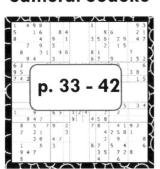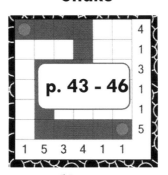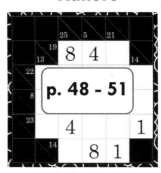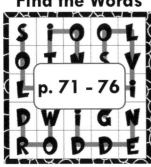

SPIDERWEB WITH NUMBERS

In this spiderweb, the numbers are given in different order. There is only one unbroken chain of numbers from 1 to 10. Find this chain of numbers and circle it.

Example

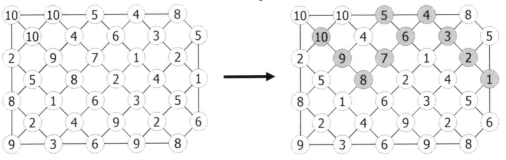

#1   #2

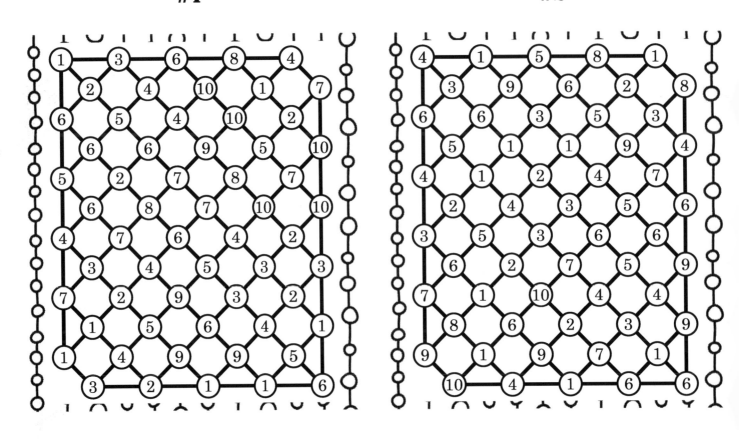

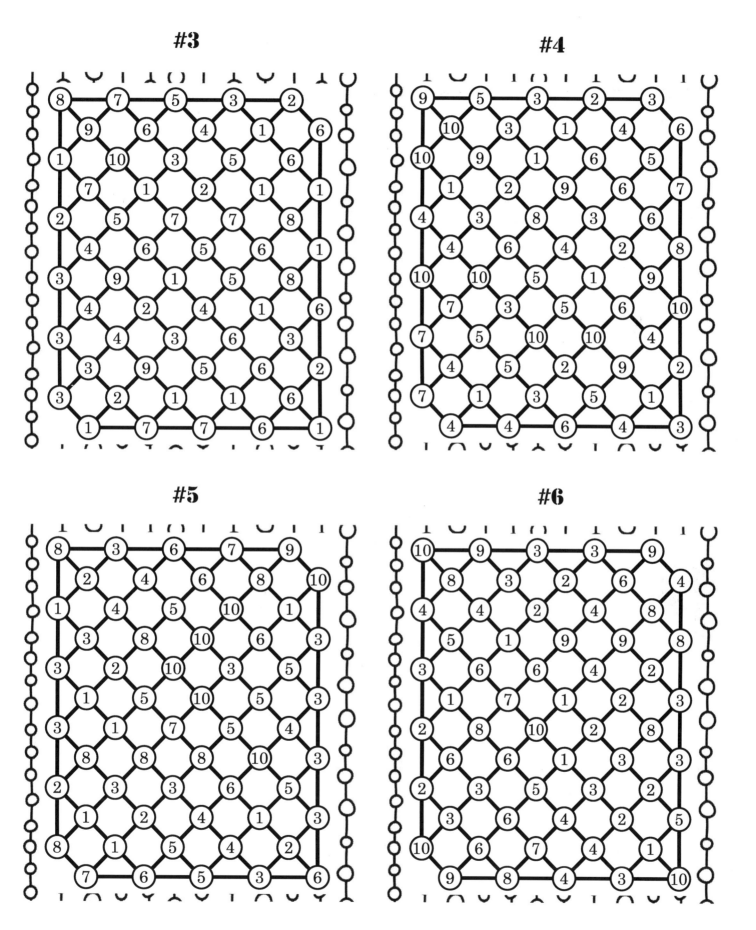

#3

#4

#5

#6

5

#7

6	5	4	2	4
7	4	3	7	7
2	8	4	2	8
1	2	1	9	6
3	7	8	10	5
5	6	6	3	5
4	9	8	7	4
5	8	10	9	3
6	1	5	4	2
2	4	6	1	4
7	1	3	2	2
8	2	2	9	8

#8

7	6	3	2	5
3	5	1	5	1
8	4	5	4	8
10	3	1	5	10
9	4	2	6	9
3	7	10	2	10
1	3	5	8	9
2	4	6	6	5
2	5	7	1	7
1	5	8	9	4
2	4	10	8	9
3	1	2	7	4

#9

5	2	6	5	2
1	3	2	4	6
1	4	1	3	6
5	2	8	10	3
8	6	1	3	3
7	2	2	2	7
8	2	1	8	3
10	2	8	10	9
9	5	4	5	8
6	5	9	5	4
2	8	10	4	6
3	9	8	9	4

#10

5	10	6	5	9
4	10	9	1	7
4	1	1	7	2
6	10	4	3	4
7	7	2	4	2
4	3	1	5	10
6	4	7	5	6
5	9	1	7	7
7	9	2	5	1
8	10	8	8	8
2	1	10	5	9
1	6	3	7	6

#11

9	2	2	2	3
2	8	10	1	4
4	9	9	7	5
1	7	8	6	1
6	8	1	6	3
4	2	2	6	7
1	7	2	2	10
5	9	2	2	2
5	5	3	3	1
3	2	4	4	8
4	2	1	5	7
2	1	5	6	10

#12

4	9	1	5	1
5	5	6	1	9
3	6	4	9	3
7	5	6	8	3
2	8	3	1	3
1	4	2	6	3
8	5	6	3	2
6	5	3	8	6
4	2	4	2	8
3	1	10	1	3
5	5	5	9	9
6	7	8	9	2

#13

3	1	1	6	10
2	2	5	8	3
4	3	6	4	5
4	8	1	3	6
5	7	2	2	6
6	3	3	1	5
10	4	7	2	3
5	1	5	2	8
9	6	1	3	8
7	7	3	8	9
8	7	4	7	7
1	7	9	9	5

#14

10	3	8	4	7
7	6	1	4	6
5	5	9	1	6
6	9	10	7	4
4	7	7	1	5
5	8	6	4	2
3	6	8	5	3
2	7	4	2	1
2	1	5	3	1
6	10	6	4	1
3	7	7	9	3
5	10	8	10	2

SUDOKU

#1

3		9		8			2	
	1		2	6				9
8	2	6	4	3				7
	6	3		4	1	2	7	5
7			5	2			4	
4		2		9	3			
2		7			3	5	8	
6		5		7		1	9	2
	3	8		5			6	

#2

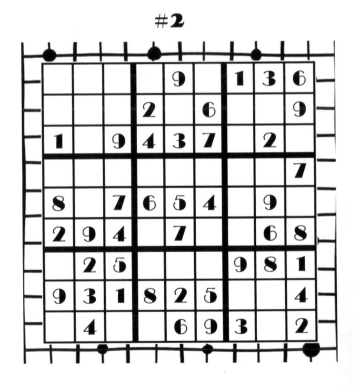

3		9		8			2	
				9		1	3	6
			2		6			9
1		9	4	3	7		2	
								7
8		7	6	5	4		9	
2	9	4		7			6	8
	2	5				9	8	1
9	3	1	8	2	5			4
	4			6	9	3		2

#3

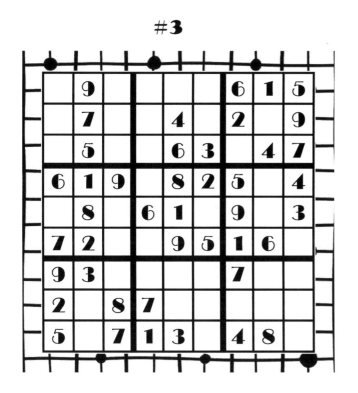

#4

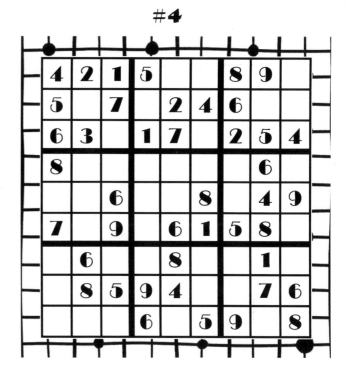

#5

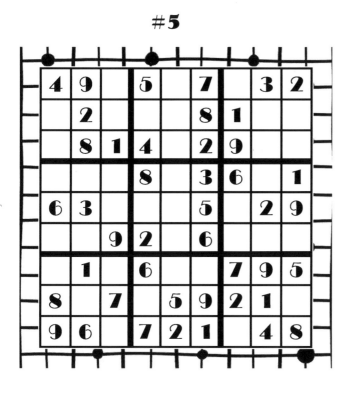

#6

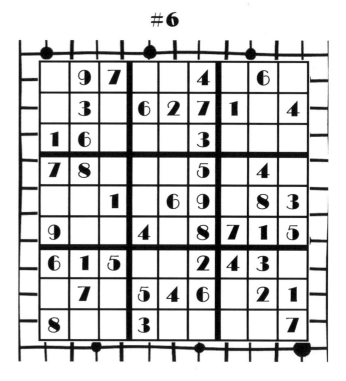

#7

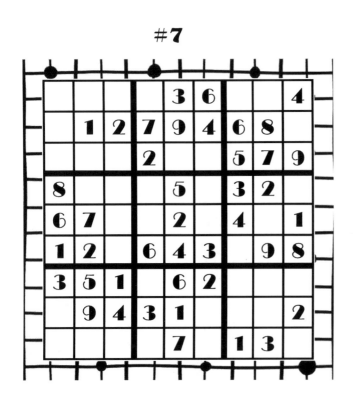

#8

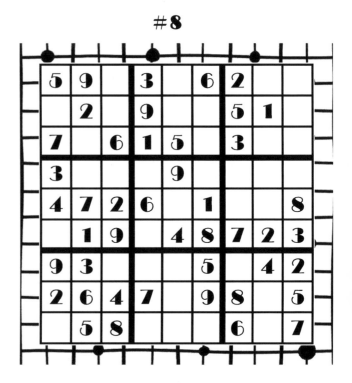

#9

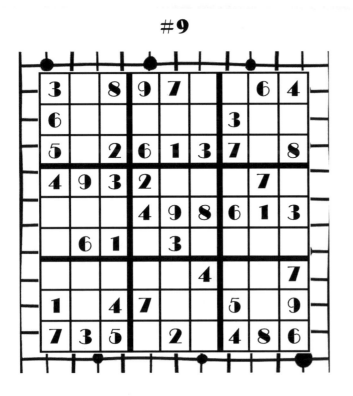

#10

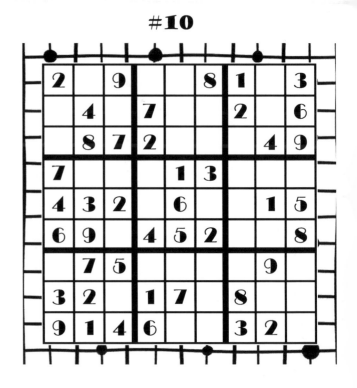

#11

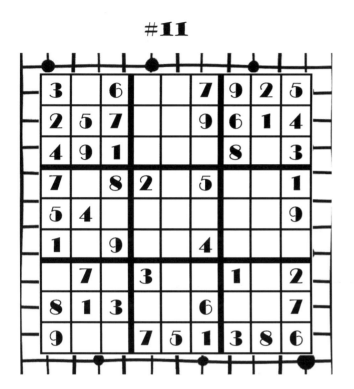

#12

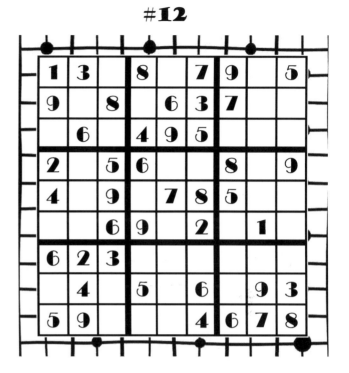

#13

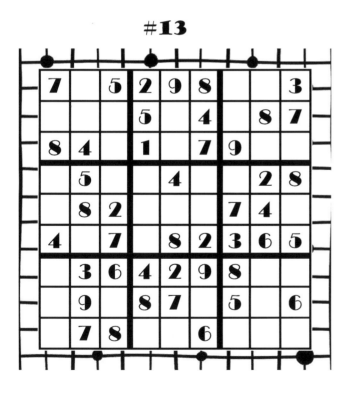

#14

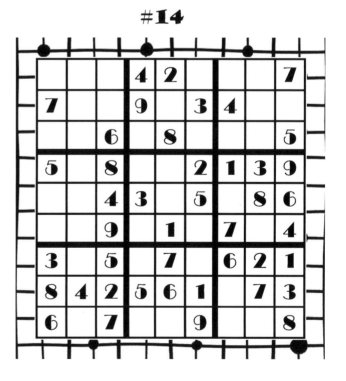

Spiderweb #1

A spiderweb consists of circles connected by lines. Each circle contains one letter. Try to find a keyword hidden in the spiderweb. A picture in the middle of the puzzle gives you a clue which word is hidden.

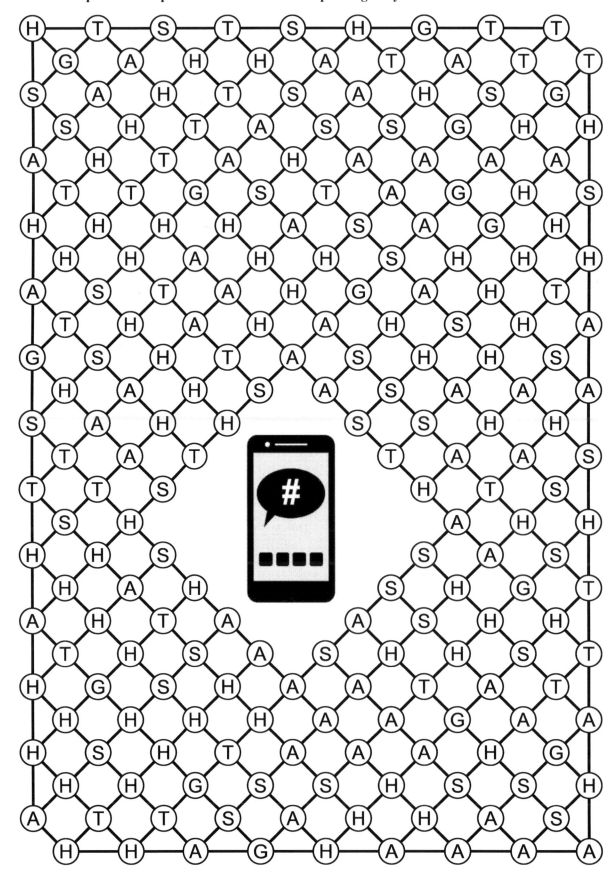

THERMOMETERS

HOW TO SOLVE THERMOMETERS PUZZLE

Thermometers is a kind of logic puzzle. The goal of this puzzle is to color the correct temperature for each thermometer. Empty thermometers are drawn in each 5x5 box. The numbers outside the box give you clues as to how many squares need to be colored in each row or column. The fields of thermometers must be always filled from the base upwards. However, the direction of the thermometer is not relevant. Thermometers can be filled completely, partially, or not at all.

Example

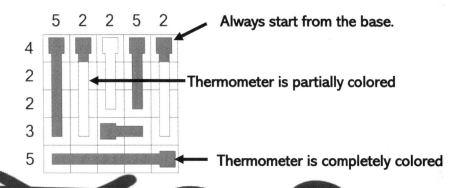

Always start from the base.

Thermometer is partially colored

Thermometer is completely colored

#1

#2

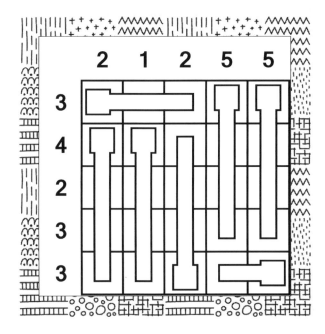

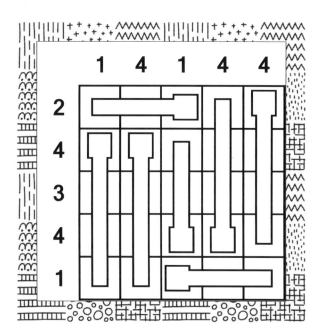

#3

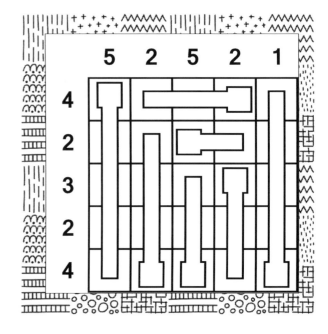

#4

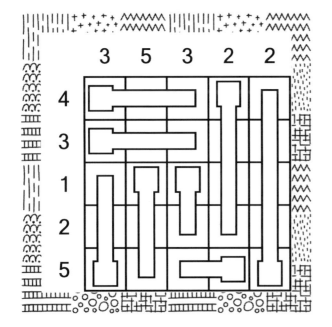

#5

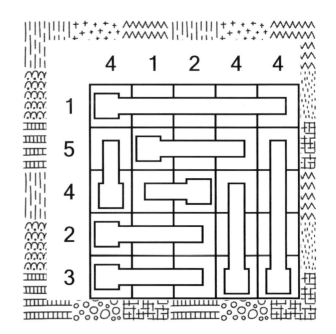

#6

#7

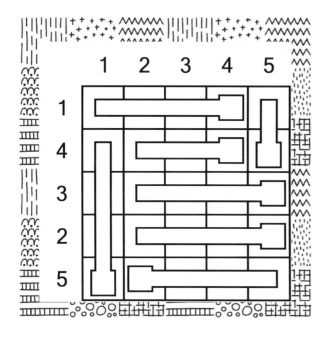

#8

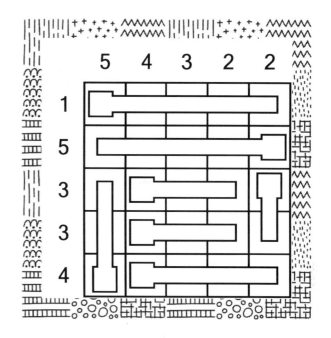

#9

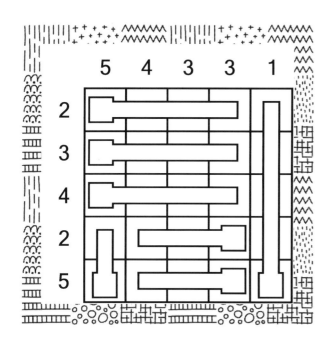

#10

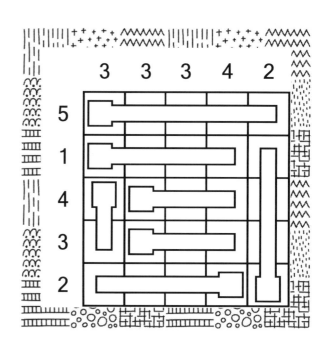

#11

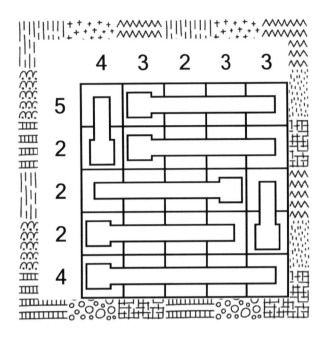

#12

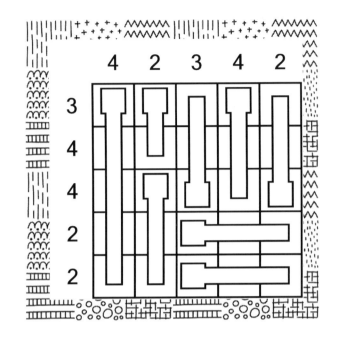

#13

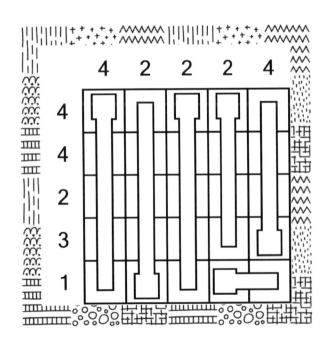

#14

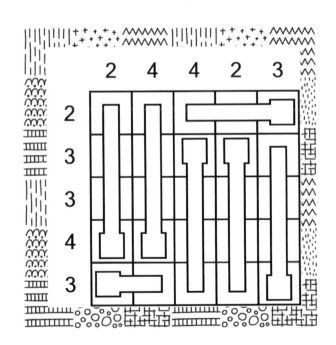

Spiderweb #2

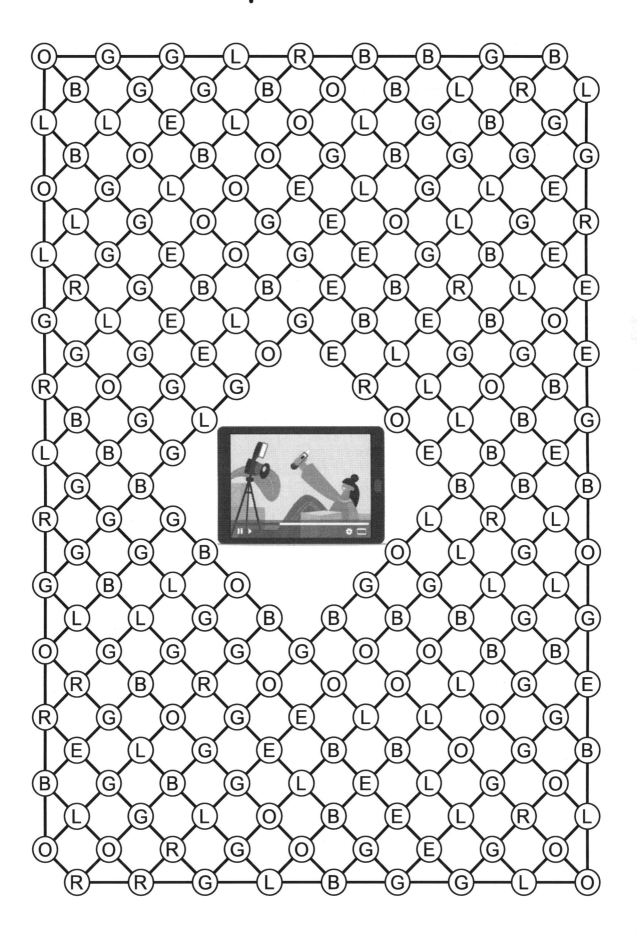

SUDOKU 10x10

HOW TO SOLVE 10x10 SUDOKU

To solve the 10x10 Sudoku, enter the numbers from 1 to 10 in the empty fields so that each number appears only once in each row, each column and each 2x5 block.

Example

Row → ← ↓ Column → ← 2x5-Block

2	8	6	3	5	7	10	9	4	1
10	7	4	1	9	3	8	6	2	5
4	1	5	9	8	10	2	3	7	6
7	6	3	10	2	9	1	4	5	8
5	9	8	2	3	6	4	1	10	7
1	4	7	6	10	5	3	2	8	9
8	2	9	5	7	1	6	10	3	4
6	3	10	4	1	8	7	5	9	2
3	5	1	7	4	2	9	8	6	10
9	10	2	8	6	4	5	7	1	3

#1

9			5						
	7	2	1	6				5	
4	8	9				6	7	3	
		5				8	2		
	10	4	3		2			8	
	2			5					3
	6		2				9	7	
	3		9			10		2	
		10			5	3		6	7
			1	6	8	2		4	

#2

		6			7	2	3	5	8
			5			7			
4	9	3			1		8	6	5
10					5	9	4	1	2
			9	4				2	3
		5			3	9	10	1	
		1						9	5
5						2			6
3					6		8	7	
		4			8				9

#3

		8		4			9	10	
	7		9			6	2		8
							8	6	9
10				8		5	1		
	5	10			8	1		4	
			6		2	10			
	6			5				8	10
7					9				1
		2	10		1	8			5
8			1	7	6			2	

#4

9	5	8			10		4		6
		7	6	4	9	2	5		
10	7	1						8	5
		2		9					7
1	6		4		8	7			3
		9				6			
	1								
		6	10	2		8			
			8			4			
2	3	4	7		6		1	8	9

#5

6		1						5	4
	3						6		8
	9	7	10		6	5		3	
			8			10	2	9	
			3	6		4			2
		8	1		7		9	10	5
			2		6		4		
	1	2					4		10
10			7	5		2	1	6	

#6

3			6	7				1	
5		10	1				3		
4			5	2		7			10
		6						5	4
			2		1				8
	6	9			5				
2	1		8			10			9
10				9	4	8	6		
6	4	2		10	8	3			
1			7	3		9			

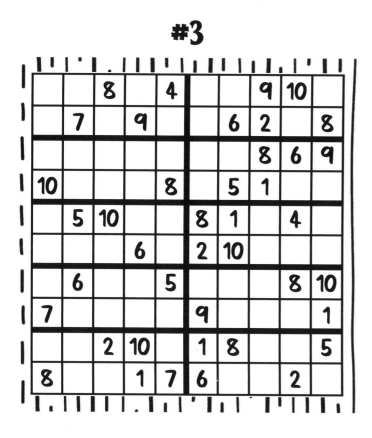

#7

5	4	2				3			7
6	3	8	10	7		9			4
									10
10				4			1	5	
7			3		2		4		1
4			2			7	8	3	5
8	5				4			7	
3			7						
9	10			3	7	8			2
	6	7	8				9		3

#8

	3				6	8		1	9
	9	1					3	10	
7				3		1		4	
		10	1	8			9	5	2
	5				1		4		10
3						2	8		
4	7				6				
10	1	2	3		4		7		
	6	7	5		8			2	
			10		9			7	

#9

		6		9	10	2			5
				3		6			
3	2	9		5	7				
		1	7						
				2					10
7	5	10	9						8
		3	6	1	2				7
5	9			7	3	4			
9					8	5	6	1	2
	6					7		3	4

#10

		2	8					9	
4	6					7	2	5	
1		4			8				5
	8	5			9	10			
7	9	1	6	5	4				10
		3		8					
	3	7	5			6			
		6	1			5	3		9
3	5	8	2				7		
10			4	6				2	

#11

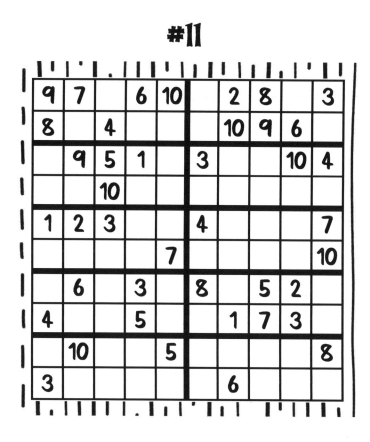

9	7			6	10		2	8		3
8		4					10	9	6	
	9	5	1		3			10	4
		10							
1	2	3			4				7
			7						10
	6		3		8		5	2	
4			5			1	7	3	
	10			5					8
3					6				

#12

5	10	6		4		3			8
	8	1	7		4				6
	9	7		5	8	10	6		
		10			5			7	
9	7				1		4		
		8	1	6		9		7	
		9	8		10			6	1
	2								
		5			8			1	10
	1		10				5		7

#13

9	1			4	6	2			
		6		8	9			1	10
		5	6		7		2		
3			4		1	8	6		
6					4	2	9		
	4				1	6			7
4	6		7			10			
10	5	9			4				2
		3	5						
	10							3	9

#14

7					6		2	9	3
		3					5	4	7
		5	7	6				3	8
9				2	1				6
		2			3				
	5		10		8	4			
8	4	1			9		10		2
		6				3	8		
			3	7		2		10	1
1		9			7				

Spiderweb #3

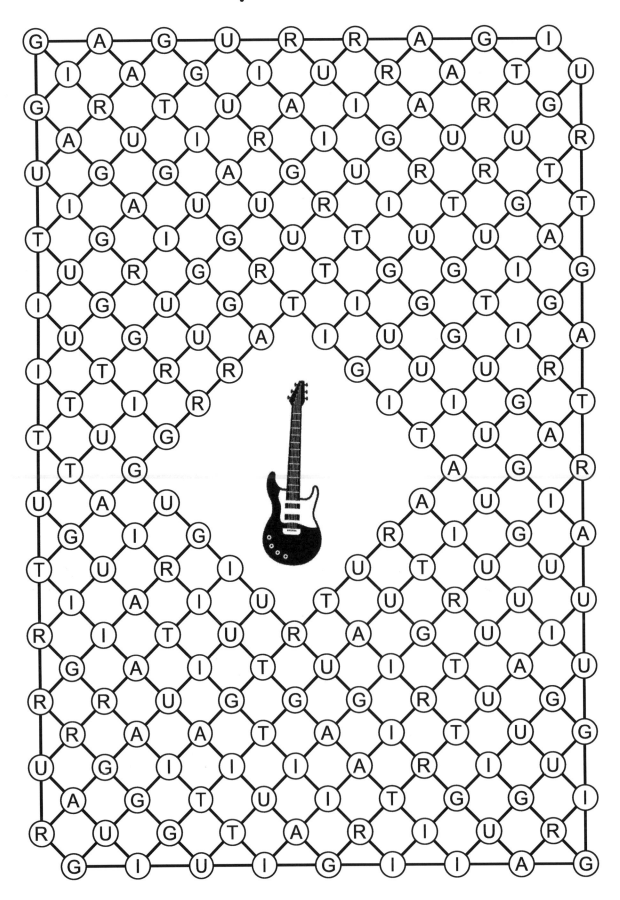

NUMBRIX

Nubrix is a type of logic puzzle. In the rectangular square, some numbers are given. To solve the numbrix, fill in the empty cells so that there is a continuous line of numbers from 1 to 30. Note that the numbers must be inserted only horizontally or vertically, but not diagonally.

Example

		23		21	20
			25		
3					
	9	28			
1		11	12	13	14

→

5	6	23	22	21	20
4	7	24	25	18	19
3	8	27	26	17	16
2	9	28	29	30	15
1	10	11	12	13	14

#1

26		28		4	3
			6		
24	23				
18	17		15	12	11

#2

3	2				30
				22	29
	10			23	
6	9		15		27
7					

#3

8		6	5		3
	12		14		2
				16	
	20		30		28
22		24			

#4

	8				
10				4	3
		19			
12	15				29
13		21	22	27	28

#5

1		7		25	26
		10			
14				20	29
15	16		18		30

#6

30			25		23
				19	
4		16	15		
	6			13	
2			9		11

#7

8	7	6			3
9				25	
	13		23		1
					28
16	17				29

#8

29	30		20		10
28		22		12	
27		17			
1			4		6

#9

12	13			16	
		21		19	
	23		25		29
	6	5		27	28
				2	

#10

	19		3		5
21		1		13	
	17			12	
23			26		
			27	10	

#11

9	10			25	26
		14			27
			20	23	
		18			29
				1	30

#12

7	8	9			14
			11	12	
	28				
4			19	20	
1		25		23	

#13

4	5		7		15
3				13	
		23			18
28	29			20	19

#14

23	22		20	19	
		28			17
25				15	16
	9			14	
			4		

Spiderweb #4

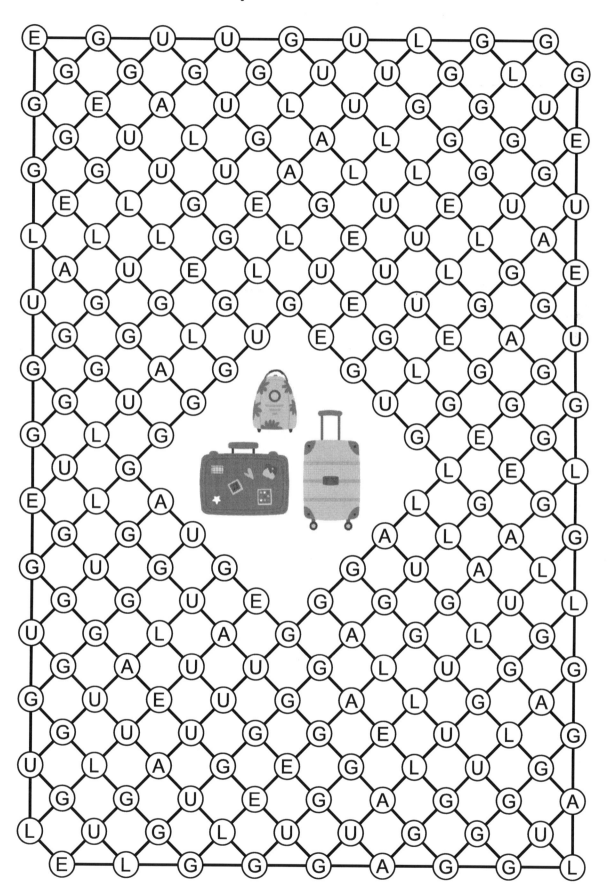

EVEN - ODD SUDOKU

To solve the Even-Odd Sudoku, enter the numbers from 1 to 9 in the empty fields so that each number appears only once in each row, each column and each 3x3 block. Grey circles and squares in the grid will give you additional hints. Insert only odd numbers in the circles (◯) and only even numbers in the squares (▢).

Example

4	▢	9	3		5		7	1
◯	2	3	▢	1	▢	◯	◯	▢
8	1	◯	◯	▢	◯			◯
▢	◯	2	◯				1	
3	▢	◯	2		◯	◯	▢	▢
◯	◯	▢	6	3	◯	9	▢	▢
	5	6	◯	7	2		3	
	◯	8		◯	▢	◯	5	◯
1	4		5	8	3	▢	▢	◯

→

4	6	9	3	2	5	8	7	1
7	2	3	8	1	4	5	9	6
8	1	5	9	6	7	2	4	3
6	9	2	7	4	8	3	1	5
3	8	1	2	5	9	7	6	4
5	7	4	6	3	1	9	8	2
9	5	6	1	7	2	4	3	8
2	3	8	4	9	6	1	5	7
1	4	7	5	8	3	6	2	9

#1

6		9	◯	▢	1	4	7	5
◯	◯	7	▢	9		8	6	1
◯	▢	4		7	◯	2	◯	9
		▢	◯	◯				7
4		5	7		8	◯	1	▢
	◯		▢	▢	3		5	
8	▢	▢	◯	1	◯	◯	▢	3
5	◯	2	8	◯	▢	◯	9	4
◯	7	◯	◯	2	▢	▢	8	◯

#2

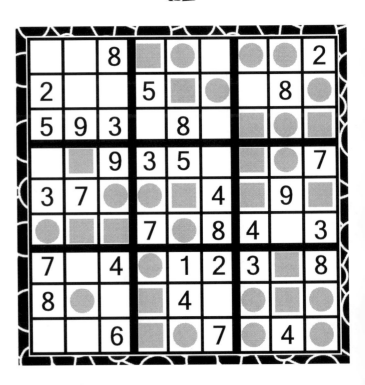

#3

6		5	●		■	●	■	●
2	1	3	7		6	8	●	
	4	●	■	1	2		5	
●		2	●	4		5	1	8
■	●	●	5	2	7	6	■	3
●			■	■	1			2
	5	8		●	3	■	■	
4	7	9		■		2	3	●
3		■		●	5	1	8	9

#4

5	4	3	■	■	9	●		7
■		1		7	5	■		■
●	8	9	1	2	■	6		
	■		●	1		2	●	■
●	3		■	■	7	5	■	●
8	7	●		6	■			1
2	9		●	●		3	■	
		●	2	3	1	9	■	
3	1	■	4	9	6	●	●	

#5

6		7		●			4	
■		●	■	6		●	●	●
	4	3	7			■	9	8
7	5	■	3	8	9		■	
		8		●	2		●	■
3		2	■	4	●	●	■	5
		9	●	3	■	■	5	
4	■	6	8	●		7	1	3
1	●	5	■	7	4	8	6	9

#6

9	2		●	●	1	8		■
	■	●	9	■		1	■	●
			2	●	4		5	
5	8		●			●		2
■		3	●	5	4	8	6	7
7	6		3	9	2	5	1	■
	9		4	●	3	7		
8	1		■	2		4	●	
4	●	●	8		●	2	6	1

#7

	3	1	7	5	▢	▢	●	
●	▢	●	3		▢	7	2	●
●	▢			●		●	8	●
4	●	8	2	●		●		3
●	●	●	5		1	▢	▢	8
2	1	▢		7	●		4	●
1	●	4	●	8	●			2
	▢	3	●	▢	●		●	4
●		9	6	3	4	▢	1	7

#8

▢	7	9	2	6	5	1	▢	3
		1		▢	●		6	7
▢		4		1	●	▢	5	▢
●	2	5		●		6	●	
1		●	●	7	9		2	8
	8	●	6	2			●	●
●	9	▢	1		6		8	
●	1		3		▢	7	●	6
●	▢		7	9	▢	2		●

#9

	2	3		▢	9	6		8
6	7	9	▢		▢	3	●	▢
	▢		●	6	●	7	●	
3	5	●		7	4		▢	▢
▢	▢	●	●			▢	●	●
9	4	▢	6	▢	3	1	●	●
	3	▢	▢	8		5	▢	●
▢	●	●	2		▢	▢		7
8		6	5	3	7	▢	▢	1

#10

▢		9	2	4	●	▢	5	
	3		6		▢		1	●
6	2	5	3	●	1		4	7
●	8	●	●		▢	5	▢	1
	6		●	●	●		8	▢
4	5	●	9	8	6	●	7	▢
●	●	6	▢	●		1		▢
	▢		5	●		7	▢	6
1		▢	▢	▢		4	●	

#11

	5					4	7	2
6	7	○	4		5	3		9
2			8	9	7	○		
□	1	○	3	4	9		2	5
4	○	○			□	1	3	
	□		5		8	○		7
		4	9	8	○	2	5	6
5	□			6		7	1	3
1	2	6	7	5		8	○	4

#12

4	□	9	3		5		7	1
○	2	3	□	1	□	○	○	□
8	1	○	○	□	○			○
□	○	2	○				1	
3	□	○	2		○	○	□	□
○	○	□	6	3		9	□	□
	5	6	○	7	2		3	
	○	8		○	□	○	5	○
1	4		5	8	3	□	□	○

#13

□	5	□	□	7	2	○	3	9
□		1	5	8	○	7	□	
	7		□	○	○	○	8	2
○	8	5	2	○	7		□	6
□	2		1	○	□		○	○
3	6	9	8		○		○	○
○	○		9	□	4	□	○	3
7	□	□			1	9	○	
	○	□	7		8	□	□	○

#14

6	4	○	8		1		3	○
1	○		○	□	○			□
8	3			○	○	1	4	5
□	8	1	3		4	9		7
4		3	9	□	○	6	1	2
○	6	○	2	○	5		□	3
3	2				□			1
○	1	6	○	2	8	3	7	□
	○		○	○	3	□		□

Spiderweb #5

SAMURAI SUDOKU

Samurai Sudoku consists of several 9x9 Sudoku, which overlap each other. To solve this Sudoku, enter the numbers from 1 to 9 in each grid so that each number appears only once in each row, each column and each block in each partial Sudoku. Try to solve all Sudoku at the same time, as this is the only way to find a single solution.

Example

#1

#2

#3

#4

#5

#6

#7

#8

#9

SNAKE

Snake is a logic puzzle that is played in a rectangular grid. In each grid, two cells are marked (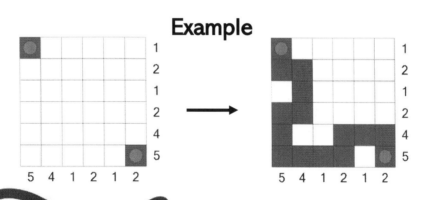), which means the beginning and the end of the snakes. The task of this puzzle is to find a single line ("snake") between the marked cells. The line must never touch each other, not even diagonally. Outside the grid, there are numbers that provide additional information about how many cells must be blackened in a given row and column.

Example

#1 #2

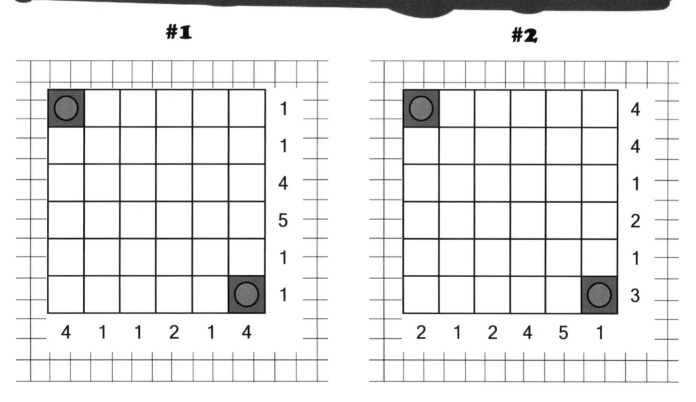

#3

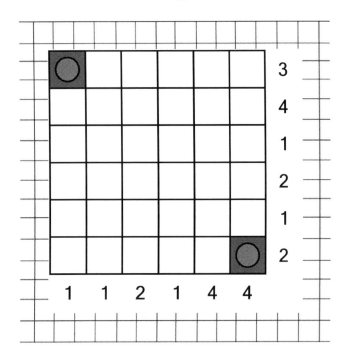

#4

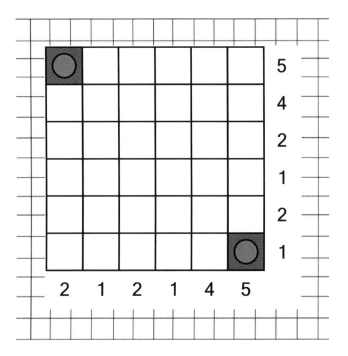

#5

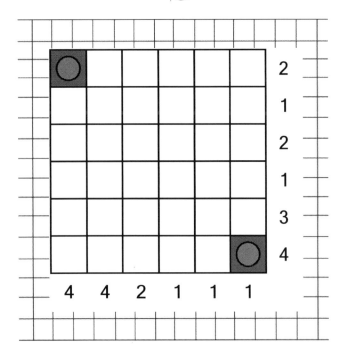

#6

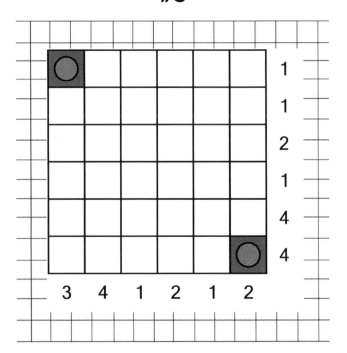

#7

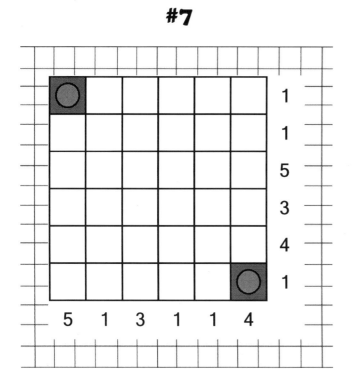

#8

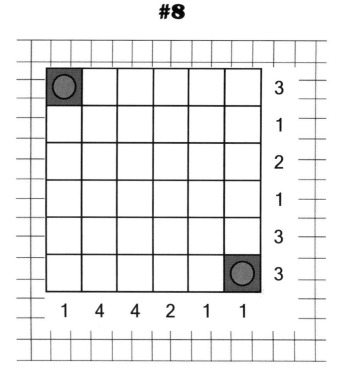

#9

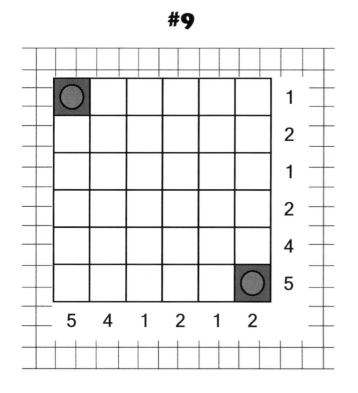

#10

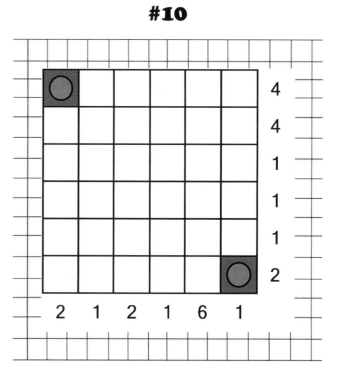

#11

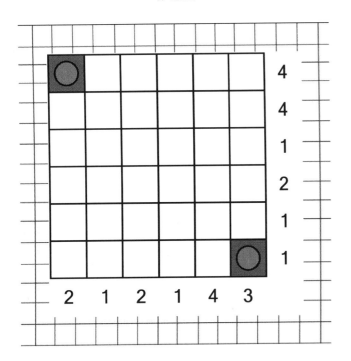

#12

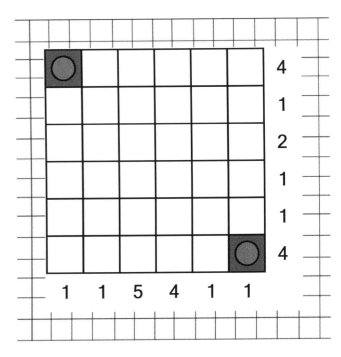

#13

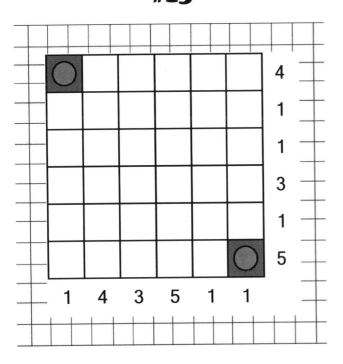

#14

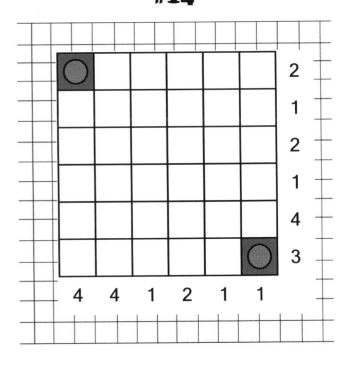

Spiderweb #6

KAKURO

Kakuro is a logic puzzle, which is also called a cross-sum puzzle. This puzzle consists of a field with filled and empty cells, similar to a crossword puzzle. In the empty cells, the digits from 1 to 9 must be entered in such a way that a certain sum of the numbers is obtained when they are added up. The numbers in the black cells with slashes give additional clues. The number in the upper right corner indicates the sum of the digits, which are inserted horizontally. The number in the lower-left corner indicates the sum of the digits that will be inserted vertically. For example, the number 8 means that it can be a sum of the combinations of 5 + 3 or 1 + 7 or 2 + 6, but not 4 + 4 (no duplicates are allowed). Each digit may appear only once per number row.

Example

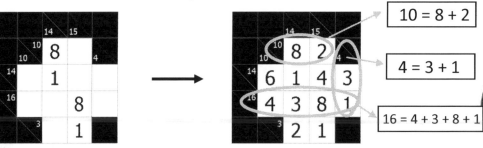

#1

#2

#3

■	■	13\	13\	■	■
■	7\10			22\	13\
\21	1		6		
\5			4\6		
\22			3		6
■	■	\8			■

#4

■	5\	23\	■	23\	4\
\7			14\3		
\22	4			9	
■	11\12				12\
\27		2			5
\13			\8		

#5

■	11\	17\	■	17\	11\
\13			14\5		
\20					
■	10\13	2		7	12\
\25					
\3			\13		

#6

■	■	24\	17\	19\	■
■	20\18	6			15\
\27		8			
\9			8\10		
\22				3	
■	\17			6	■

#7

7 17 31 9
3 11 24
27 2
19 9 10
18 2
14 15

#8

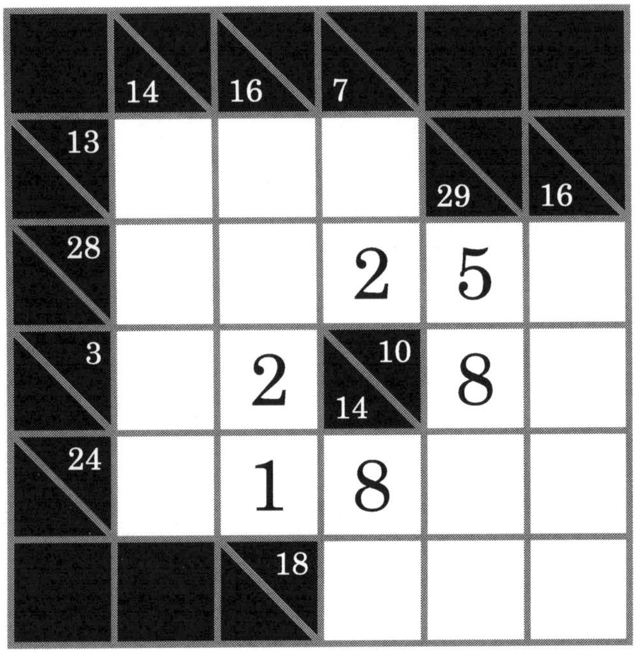
14 16 7
13 29 16
28 2 5
3 2 10 14 8
24 1 8
18

#9

15 23 29 8
15 8 10 13 8
31 1
12 12 10
21 2
11 7 10 6

#10

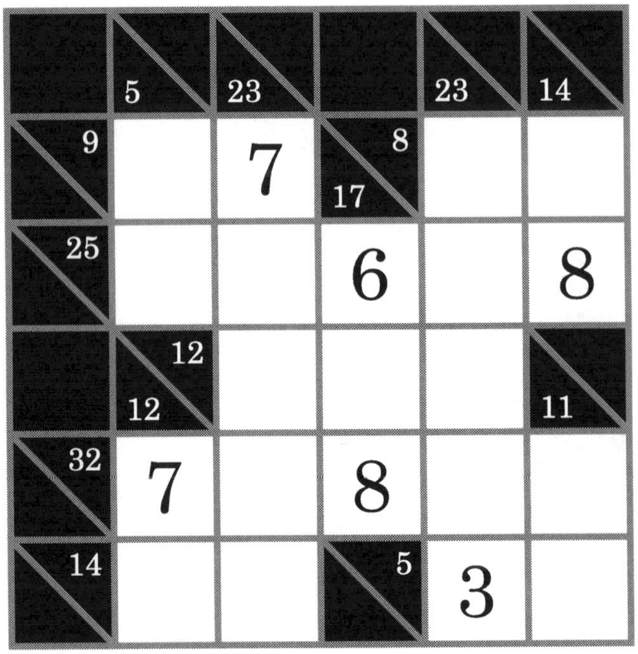
5 23 23 14
9 7 8 17
25 6 8
12 12 11
32 7 8
14 5 3

#11

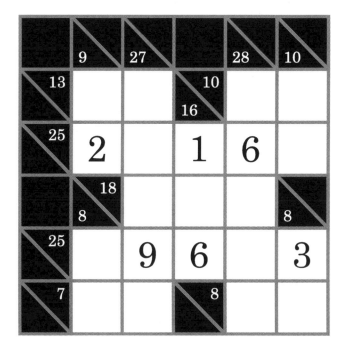

#12

#13

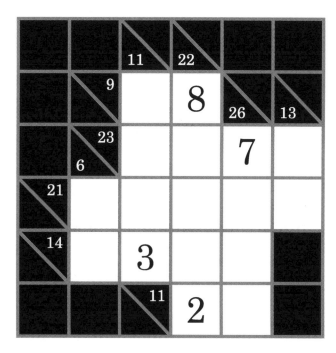

#14

BRICKS

This puzzle consists of bricks with digits. Some digits are given. Insert the numbers from 1 to 9 in the empty squares so that there is one even and one odd number in a brick. Each number can appear only once in each row and each column.

Example

	2			5		3		1
		7	9	6				
				2	7	1		
7	8	9			3	4		
2		6		8				
1				4				6
6					4	9		
		3		7	1			
8			4	9		6	7	5

→

9	2	4	7	5	6	3	8	1
3	4	7	9	6	5	2	1	8
4	5	8	3	2	7	1	6	9
7	8	9	6	1	3	4	5	2
2	7	6	1	8	9	5	4	3
1	9	2	5	4	8	7	3	6
6	1	5	8	3	4	9	2	7
5	6	3	2	7	1	8	9	4
8	3	1	4	9	2	6	7	5

#1

	9		3	2			5	7
	6		2	5	9			8
9		8		7				1
3	1			4			7	6
			4	6				
1	4		7			9		
				1			6	3
		7	6					
4	5		1					9

#2

2	9		3					5
	6				9		1	
6		1	4	5			8	
	4	7	2					8
1		9				5		
	3			4		5		
	5					3	2	
5			9			4	7	6
			5	8	3	7		

#3

			3		6			
1				7		5	6	
	1	2				8		
	4	7			2			
	8				9	6		
	6	5	4			7	2	
	3		5				7	
5		6	2		8	3	1	4
			2			4		

#4

			2			1		
9	3		5		2			
	5	6			1			3
1								4
		7		3	6	5	2	
	4			5		8	3	
		2		1	8	3		5
3		9						
2	1			6	5		8	

#5

5	2		1	8	4			
3			4	9		7	6	
	1		9			2		
9		3	7	2	5		1	
							6	
				3			4	
	3	6			7			
7	5	4		3			2	
		1	4	7			8	3

#6

4		1					9	
		4			8	7		
			4					
7			2	5			1	6
6	3		1					7
		5						
	8			4			6	9
		9			1	4	3	8
2		6	7	3			8	1

	2			1	4	5	6	
5			2		7		1	
8	9				3			
				6				
6	5		3		1			9
9		7		2				6
			5			8		
3				5	9	2		
4		6				3		5

			4	5	8			3
				6	3	8		4
		3						
	8			2			7	6
			3		1		6	7
	4	9			7		1	
7		4			5		2	
1				9	4			8
8						5		

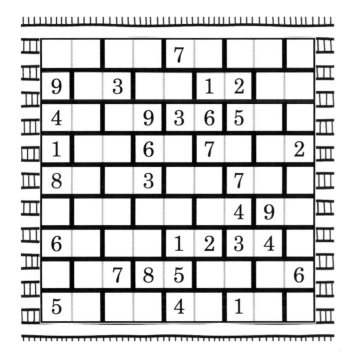

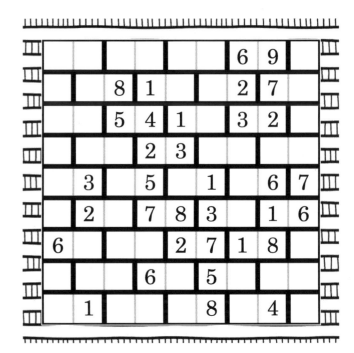

#11

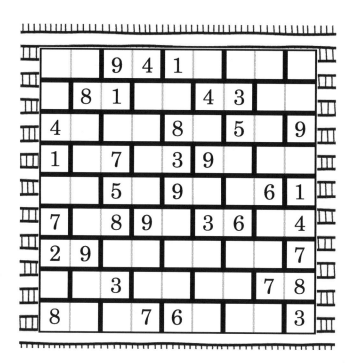

	2			5		3		1
		7	9	6				
				2	7	1		
7	8	9			3	4		
2		6		8				
1				4				6
6					4	9		
		3		7	1			
8			4	9		6	7	5

#12

8	9		3			1	5	
		7			5			
2						1	4	
7					8	3		
		2	7					
3			5			4		2
4	3		1	5		7	8	
1		5			9			8
					4		2	1

#13

		9	4	1				
	8	1			4	3		
4				8		5		9
1		7		3	9			
		5		9			6	1
7		8	9		3	6		4
2	9							7
		3					7	8
8			7	6				3

#14

	4				5			1
		1	6	9	7	2		
2			1			9		
9				5			1	8
	9		5	1	6			
7	5			2			9	6
		5	8				2	
		3	9			5	7	
			7	3		4		

MAZES

#1

#2

#3

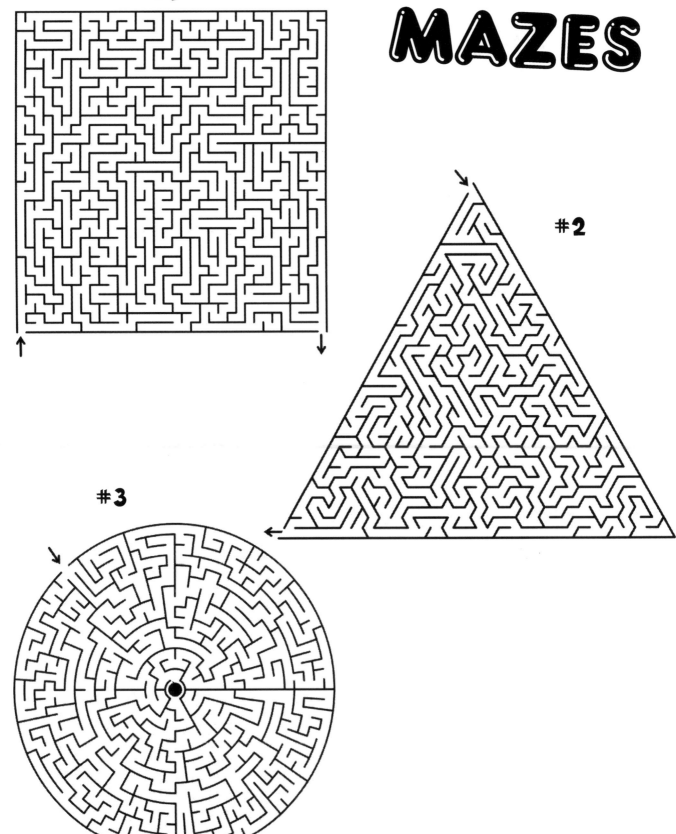

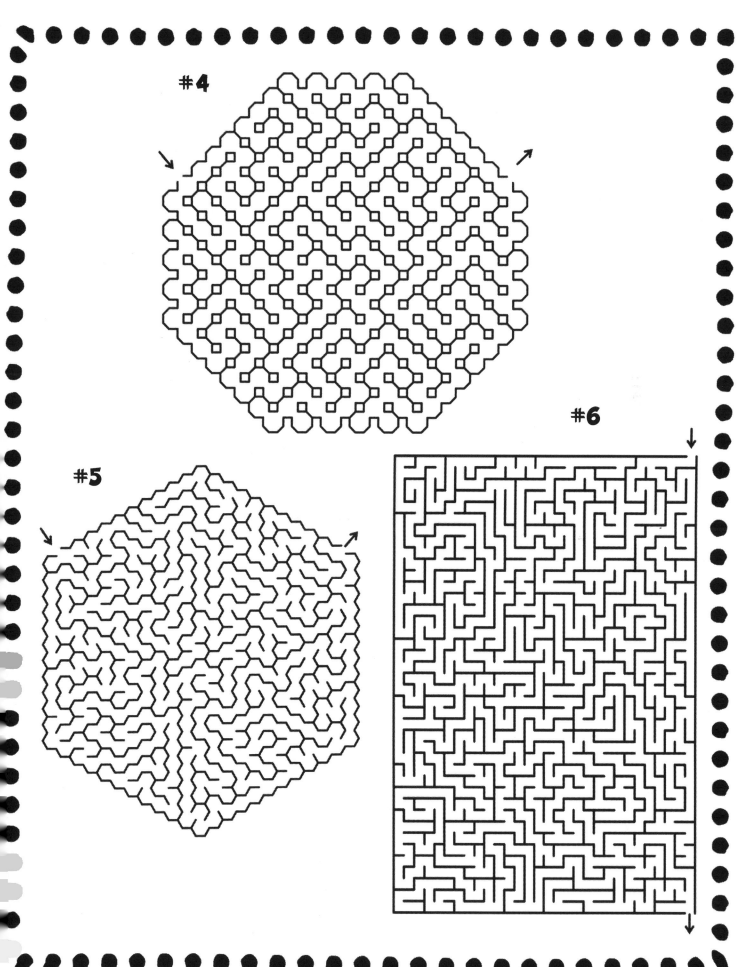

#4

#5

#6

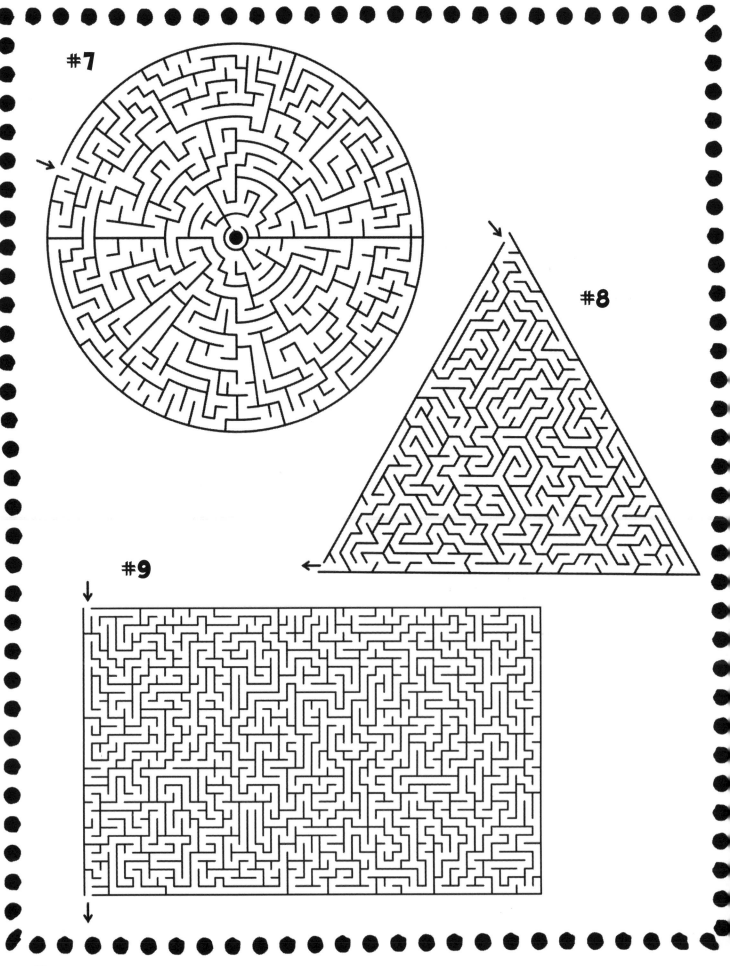

#7

#8

#9

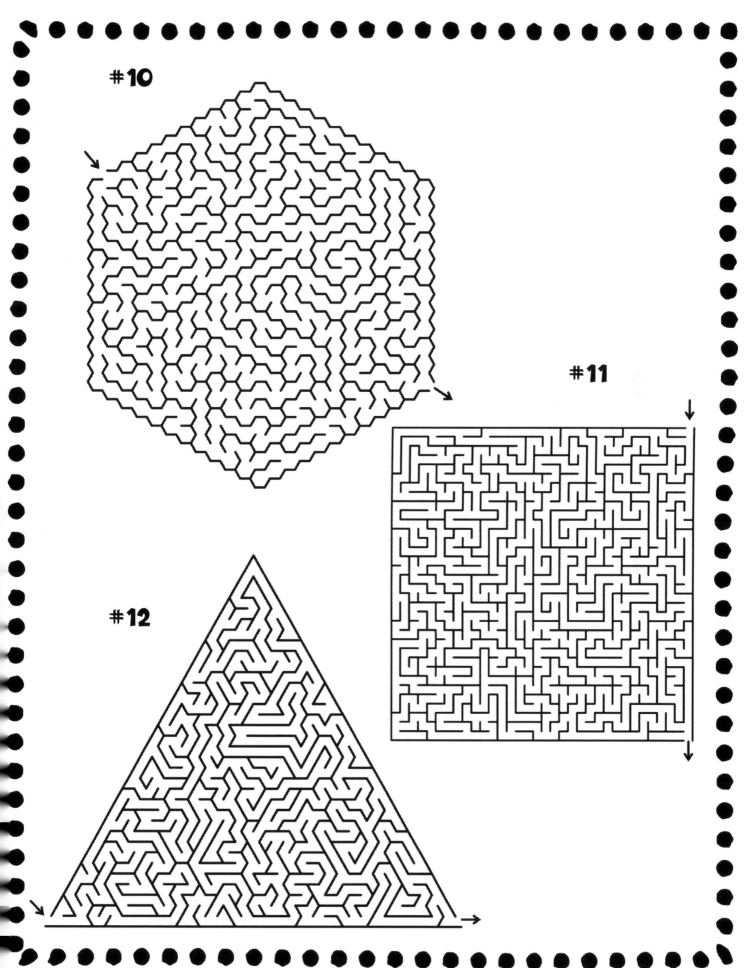

#10

#11

#12

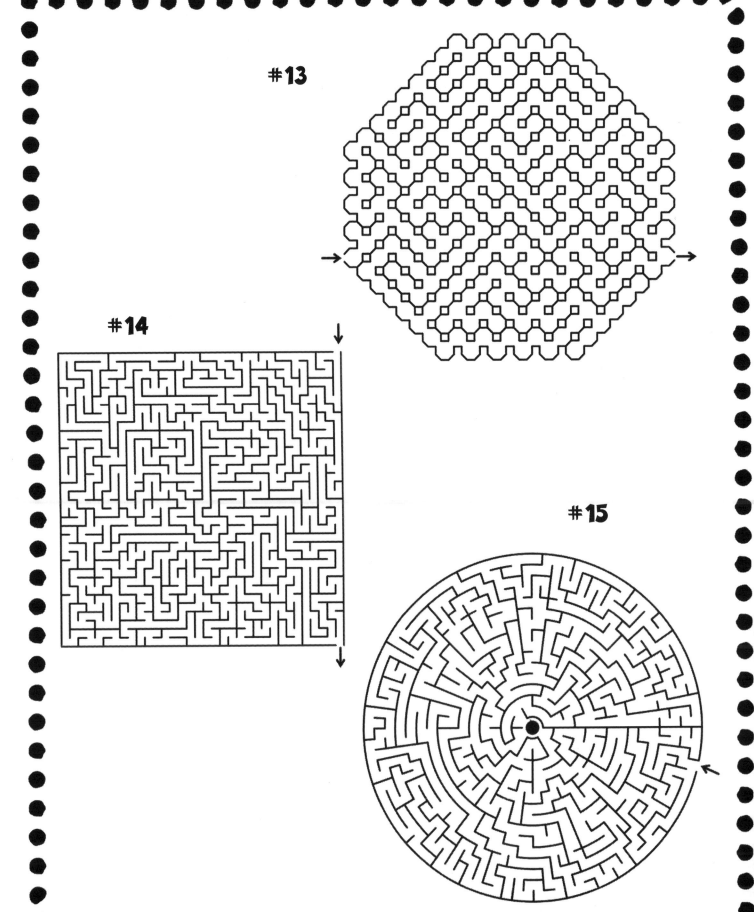

#13

#14

#15

TRIPLE DOKU

Triple Doku consists of three 9x9 Sudokus, which overlap each other. To solve this sudoku, enter the numbers from 1 to 9 in each grid so that each number occurs only once in each row, each column, and each block in each partial Sudoku. Try to solve all sudoku at the same time, as this is the only way to find a single solution.

Example

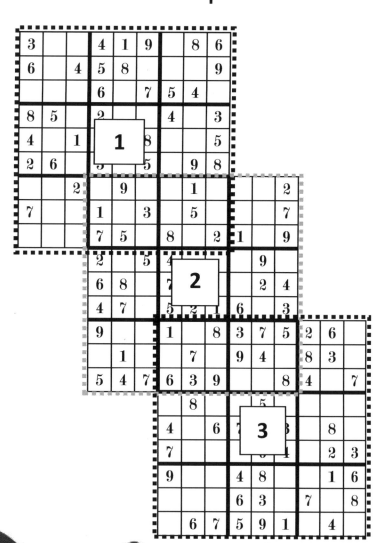

#2

#3

#4

#5

#6

Top-left grid

	6		5	8				4
	3		6		2			5
5	2	8	9	4	7			1
6		3		5	4	8	2	9
		2			9	6		
	9	5		2		4	1	3
		7		6		9		
4		6		9		5		
			2		8	1	4	6

Center / right grid

						1		2			
6	8	4									
3	9	5									
	3		6				1				
6	5		4	1		8					
			2			5					
	9	3		1	7	6	8	5		9	
7		3	8	6	4	9	5			3	
	6				2		3		6		

Bottom-right grid

1	4	6		2	5		8	
		2	4	8	7	1	5	6
	8	7		9	6	3		4
	1		8		4		3	
	5		6			7		8
	7	8			9	4	1	2

Top-left grid:

3			4	1	9		8	6
6		4	5	8				9
			6		7	5	4	
8	5		2			4		3
4		1	9	7	8			5
2	6		3		5		9	8
		2	9			1		
7			1		3		5	
			7	5		8		2

Middle grid:

9			1					2
1		3		5				7
7	5		8		2	1		9
2		5	4				9	
6	8		7				2	4
4	7		5	2	1	6		3
9			1		8	3	7	5
	1			7		9	4	
5	4	7	6	3	9			8

Bottom-right grid:

3	7	5	2	6				
	9	4		8	3			
		8	4		7		2	3
	8			5				
4		6	7	2	3		8	
7				6	4		2	3
9			4	8			1	6
			6	3		7		8
	6	7	5	9	1		4	

#8

Grid A (top-left)

7		2	1				8	3
	8	1	2				9	
	5	4	8	3		2	6	1
	1	7	3	2	4	6	5	9
6	3	9	5	7	8	1	2	4
	4		1	9		3	7	8
	2		9	5		7	4	6
	7	3	6	8				5
5	9	6	7	4	1			

Grid B (center)

7	4	6		8	2			
		5	3		7			
			6	5	9			
			2		8	9	3	
	3		8			4		2
	1		5		9		4	
5	3				9	2		4
	1						9	
		9			1	5		3

Grid C (bottom-right)

2		4						
	9		1					
5		3	9					
	3		5				8	2
7	1		9				5	
	4		7		5		9	
	5	7	3	4			1	6
		6	2				8	
2		8		5		4	3	9

FIND THE WORDS

Find and mark in the grid with the letters the words from the word list. The words are hidden only at right angles and not diagonally.

Example

Word list

Word
Hidden
Solution
Solving

S	i	O	O	L
O	T	N	S	V
L	U	H	N	i
D	W	i	G	N
R	O	D	D	E

→

S	i	O	O	L
O	T	N	S	V
L	U	H	N	i
D	W	i	G	N
R	O	D	D	E

A	R	C	U	J	D	i	O	R	E
T	R	E	P	S	R	A	T	S	T
E	R	T	i	S	A	E	S	A	T
A	L	P	E	P	R	R	E	P	E
N	E	T	C	A	T	A	T	M	R
E	S	N	U	S	H	M	U	M	A
T	i	B	R	O	O	O	R	E	R
A	T	A	S	T	N	O	M	Y	S
R	i	U	N	R	O	N	S	U	R
M	U	S	R	i	S	E	A	T	N

#1

Astronomy ☐
Crater ☐
Earth ☐
Jupiter ☐
Asteroid ☐
Orbit ☐
Stars ☐
Space ☐
Mars ☐
Saturn ☐
Moon ☐
Sunrise ☐
Sunset ☐
Temperature ☐
Planetarium ☐

#2

Police ☐
Crime ☐
Protect ☐
Policemen ☐
Accident ☐
Rescue ☐
Department ☐
Gun ☐
Uniform ☐
Robbery ☐
Murder ☐
Station ☐
People ☐
Officer ☐
Arrest ☐

P	O	L	E	N	E	C	T	L	E
R	E	i	M	M	T	E	O	P	S
Y	B	C	E	R	O	P	E	C	T
O	B	i	F	O	R	O	L	i	A
R	U	N	C	R	P	P	O	i	T
E	N	i	C	i	M	E	N	E	U
M	T	F	E	R	G	U	N	M	C
T	O	F	T	R	R	A	R	U	S
R	E	D	S	E	D	E	D	E	E
A	P	A	C	C	i	N	T	R	R

i	N	A	S	i	G	R	M	U	H
M	A	S	M	N	A	O	A	H	A
P	L	N	O	S	A	B	N	C	E
R	i	G	E	N	C	P	M	R	A
i	P	E	K	A	T	H	A	A	R
M	A	T	i	R	E	i	B	P	E
E	D	E	A	O	T	A	i	T	i
R	i	M	O	U	i	N	L	i	N
N	P	S	S	Q	D	R	E	E	S
E	K	C	i	H	C	i	B	C	T

#3

Animal ☐
Insect ☐
Mosquito ☐
Spider ☐
Amphibian ☐
Bird ☐
Chicken ☐
Reptile ☐
Snake ☐
Bacteria ☐
Archaea ☐
Primate ☐
Human ☐
Organism ☐
Pigeons ☐

72

#4

- Chemistry ☐
- Acid ☐
- Element ☐
- Aluminium ☐
- Carbon ☐
- Copper ☐
- Gold ☐
- Hydrogen ☐
- Iron ☐
- Nitrogen ☐
- Oxygen ☐
- Silver ☐
- Tin ☐
- Molecule ☐
- Lipid ☐
- Alcohol ☐

T	i	C	E	M	H	Y	D	N	A
R	N	H	L	E	N	T	R	E	L
O	M	E	E	A	C	i	O	G	C
G	i	S	i	R	O	D	S	H	O
E	N	T	R	Y	N	L	i	O	L
P	O	C	i	L	A	V	O	X	Y
P	D	i	P	U	L	E	R	T	G
E	R	U	M	M	D	L	O	i	E
L	E	i	N	i	N	O	G	N	N
U	C	E	L	O	M	B	R	A	C

R	F	A	E	R	B	L	A	T	E
U	i	D	O	O	R	O	C	O	H
H	T	A	F	D	E	T	A	W	C
O	Y	E	S	E	H	E	E	S	E
N	E	C	A	G	C	D	S	C	O
E	R	E	R	F	O	O	T	F	F
A	A	N	E	V	E	M	U	F	F
L	J	A	L	E	B	E	S	E	E
i	U	N	B	A	T	A	U	G	A
C	E	A	B	T	E	G	E	V	R

#5

- Chocolate ☐
- Banana ☐
- Cheese ☐
- Vegetable ☐
- Meat ☐
- Beverage ☐
- Coffee ☐
- Water ☐
- Juice ☐
- Bread ☐
- Honey ☐
- Sugar ☐
- Fruit ☐
- Seafood ☐

#6

- Blackberry ☐
- Rockmelon ☐
- Avocado ☐
- Kiwifruit ☐
- Strawberry ☐
- Raisins ☐
- Papaya ☐
- Mangosteen ☐
- Peach ☐
- Pineapple ☐
- Grapes ☐
- Lemon ☐
- Apricot ☐

K	C	A	A	L	B	L	E	M	P
M	O	P	C	E	R	R	Y	O	i
E	R	R	K	B	E	L	P	N	N
L	C	i	D	A	C	O	P	A	E
O	O	T	O	R	R	V	A	K	i
N	M	G	R	Y	E	R	F	i	W
N	A	P	A	W	B	U	i	R	A
G	O	E	R	A	C	A	T	S	i
T	S	S	T	A	H	E	P	i	N
E	E	N	S	Y	A	P	A	P	S

#7

- Music ☐
- Blues ☐
- Classical ☐
- Symphony ☐
- Electronic ☐
- Flamenco ☐
- Song ☐
- Reggae ☐
- Rock ☐
- Samba ☐
- Recorder ☐
- Guitar ☐
- Saxophone ☐
- Popstar ☐
- Melody ☐

S	E	L	E	C	K	R	E	C	O
A	R	T	C	O	R	O	N	Y	R
X	O	C	Y	M	P	H	R	E	D
O	N	i	S	C	S	O	P	O	P
P	H	M	E	L	G	N	L	A	S
N	O	A	N	A	S	S	i	C	T
E	F	L	C	G	U	i	T	R	A
S	A	A	O	C	i	R	A	E	A
M	M	B	M	U	S	U	E	R	G
E	L	O	D	Y	B	L	S	E	G

#8

Computer ☐
Information ☐
Technologies ☐
Algorithm ☐
Internet ☐
Email ☐
Software ☐
Hardware ☐
Programming ☐
Coding ☐
Webpage ☐
Digital ☐

N	E	T	A	L	G	G	N	i	M
R	E	O	F	T	O	R	i	M	M
N	T	S	L	W	E	P	T	H	A
i	G	T	A	A	R	R	O	G	R
i	N	i	i	L	O	R	M	R	A
D	i	G	A	N	F	T	A	E	W
O	D	E	M	i	E	i	O	N	D
C	S	E	P	A	G	O	M	P	R
O	G	i	B	E	W	C	T	U	A
L	O	N	H	C	E	T	E	R	H

#9

C	A	N	A	D	A	N	Z	A	A
C	O	U	P	A	T	O	P	N	U
G	T	N	A	K	i	R	A	i	S
E	R	i	Z	T	S	T	i	R	T
R	i	L	A	A	N	U	N	A	L
M	E	B	R	A	A	G	D	R	i
A	S	Y	R	i	L	N	O	U	A
N	Y	E	E	G	L	E	S	S	S
U	R	K	H	C	A	A	i	F	i
T	A	N	i	E	C	N	A	R	A

Countries ☐
Algeria ☐
Australia ☐
Brazil ☐
China ☐
Canada ☐
France ☐
Germany ☐
Indonesia ☐
Russia ☐
Portugal ☐
Turkey ☐
Pakistan ☐
Tanzania ☐

#10 Cities ☐

Amsterdam ☐
Bangkok ☐
Berlin ☐
Brussels ☐
Cairo ☐
London ☐
Madrid ☐
Mumbai ☐
Paris ☐
Jerusalem ☐
Sydney ☐
Tehran ☐
Tokyo ☐
Vienna ☐
Rome ☐

E	R	D	S	E	L	O	K	S	Y
T	S	A	S	M	S	T	Y	O	D
B	M	M	U	U	M	E	M	E	N
A	A	B	R	C	B	R	O	Y	M
N	E	I	T	I	A	E	J	D	A
G	S	B	E	M	I	R	I	R	T
K	O	K	R	E	S	U	D	L	E
V	N	I	L	L	A	D	N	O	H
I	N	A	O	R	N	O	A	P	R
E	N	C	A	I	S	I	R	N	A

E	R	P	S	M	A	I	L	L	I
S	T	R	E	B	U	H	C	C	W
L	E	L	A	V	I	V	S	H	N
M	Y	D	A	J	N	I	P	O	E
U	S	I	C	D	R	E	V	S	V
M	I	C	K	I	L	E	L	R	O
O	A	I	S	O	E	S	T	E	H
Z	N	P	U	N	N	E	A	S	T
A	R	T	C	O	N	B	P	O	E
I	N	I	C	N	C	O	M	B	E

#11 Composers ☐

Musician ☐
Lennon ☐
Chopin ☐
Mozart ☐
Puccini ☐
Schubert ☐
Beethoven ☐
Beatles ☐
Verdi ☐
Williams ☐
Jackson ☐
Vivaldi ☐
Presley ☐

STAR SUDOKU

Star Sudoku is a Sudoku with triangular fields. The empty squares have to be filled in such a way that in each horizontal and oblique row and each star the digits from 1 to 9 appear only once. In the rows with 8 squares on the edge, the corner square must be added to solve Star Sudoku.

Example

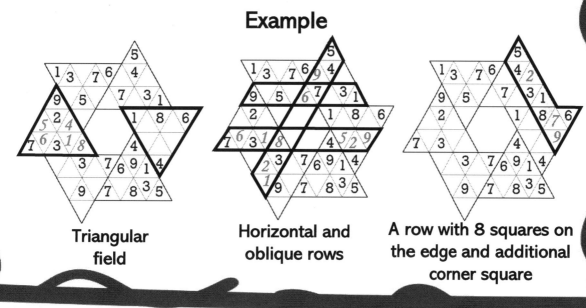

Triangular field

Horizontal and oblique rows

A row with 8 squares on the edge and additional corner square

#1

#2

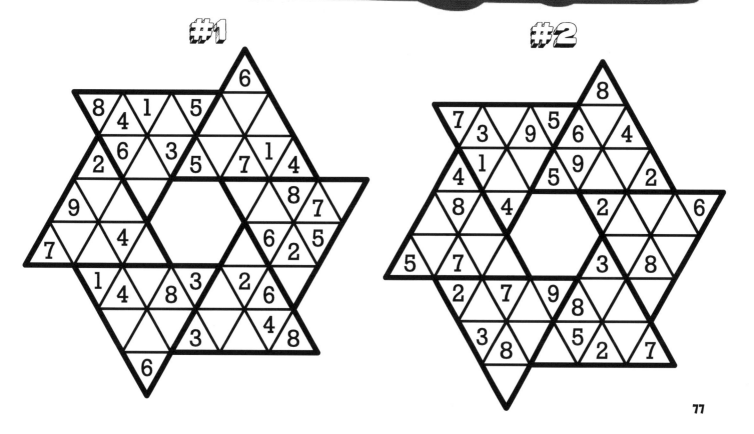

#3

#4

#5

#6

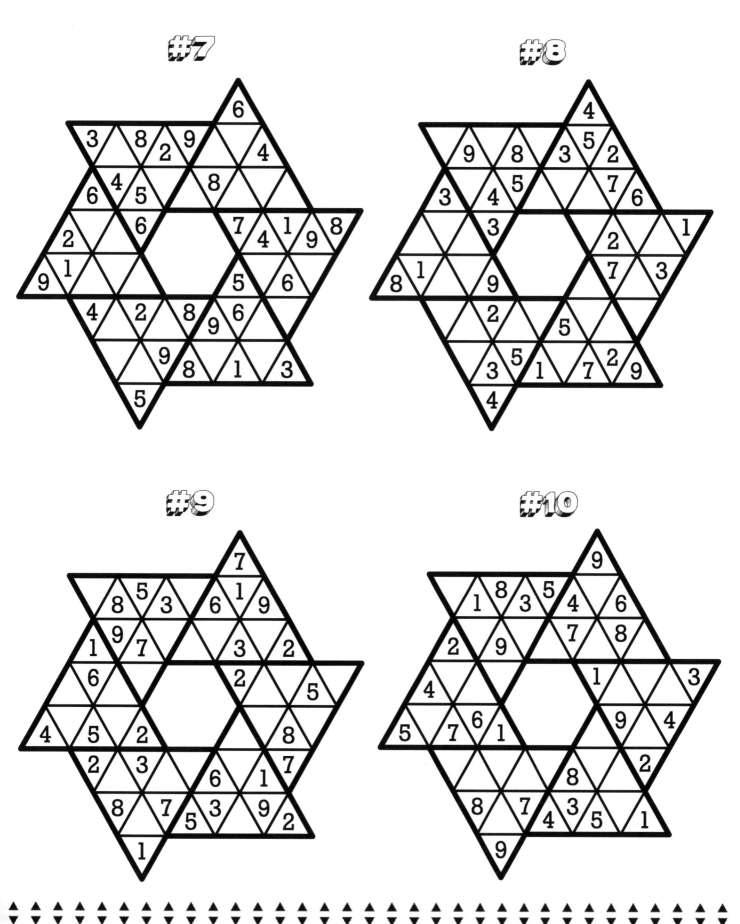

#11

#12

#13

#14

#11:
5
1 3 7 6 4
9 5 7 3 1
2 1 8 6
7 3 4
3 7 9 4
6 1
9 7 8 3 5

#12:
8
5 2
1 4 3 8 2 5 7 9
2 8 7 5
3 4 9 1 8 2
6 7 1
7 1 2 6 9 3
8

#13:
6
8 1
5 2 9 1 4
2 3 8 9 1
7 4 5 2
5 7 9 2 8 6
6 2 9 1 4
3

#14:
2
5 3 6 4
8 1 5 3
7 4 5 6
1 5 9 2
8 1 9 2
9 2 1 6 8 7
4

PUZZLE MANDALA #1

Find the missing part in the mandala.

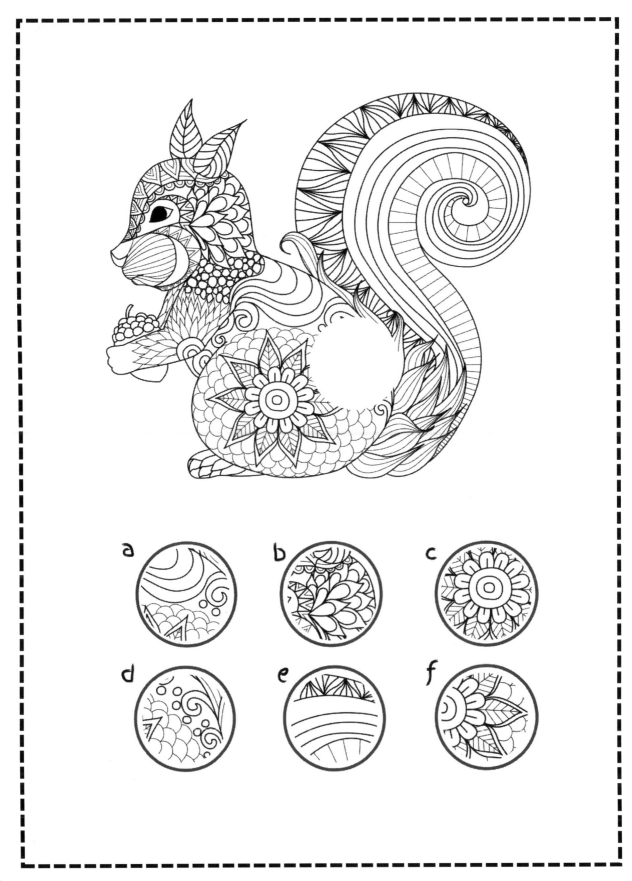

PUZZLE MANDALA #3

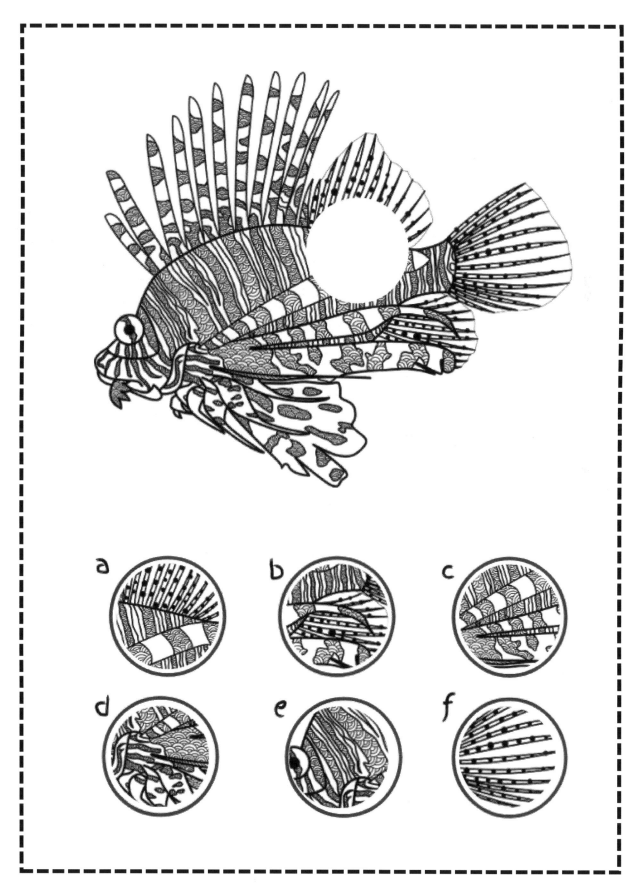

PUZZLE MANDALA #4

PUZZLE MANDALA #5

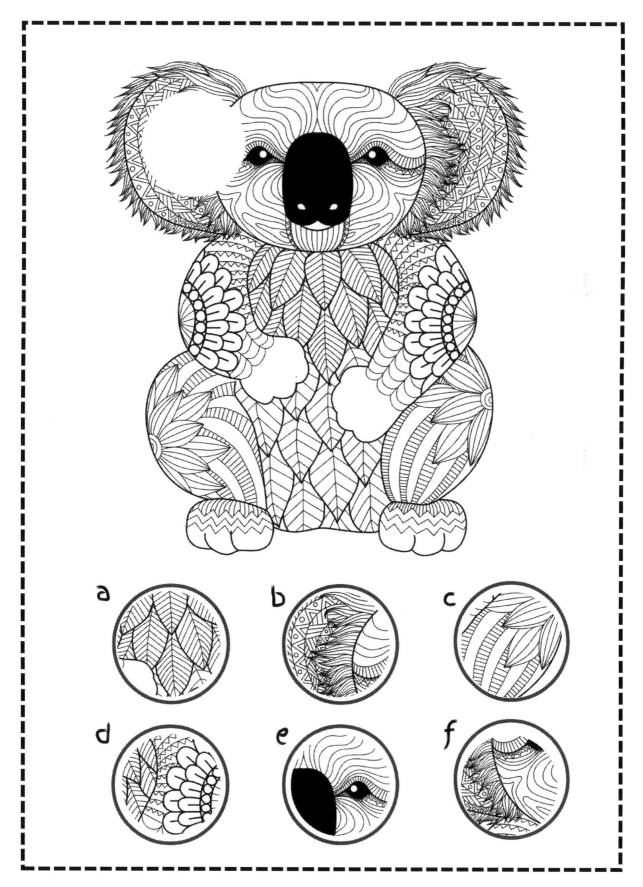

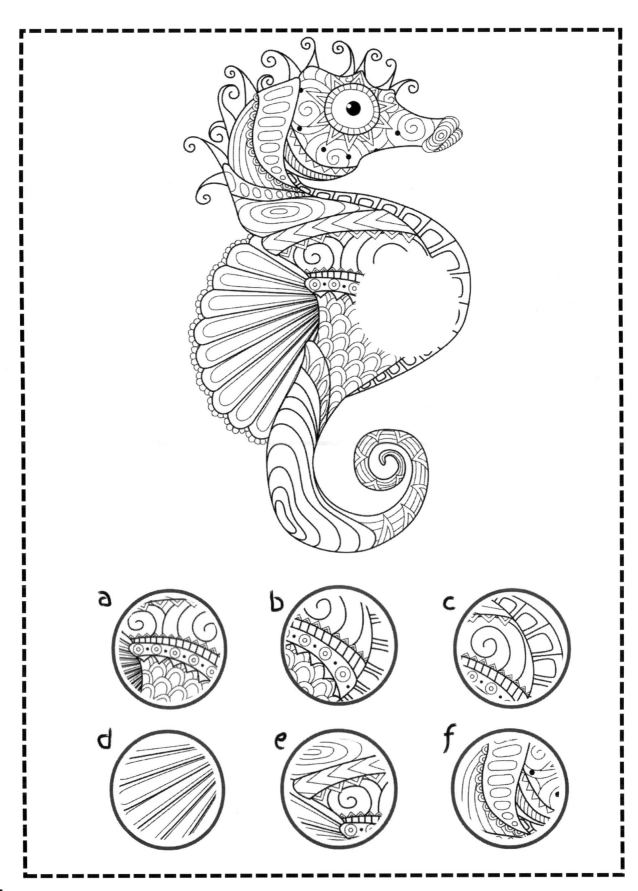

Solutions – SPIDER WEB WITH NUMBERS

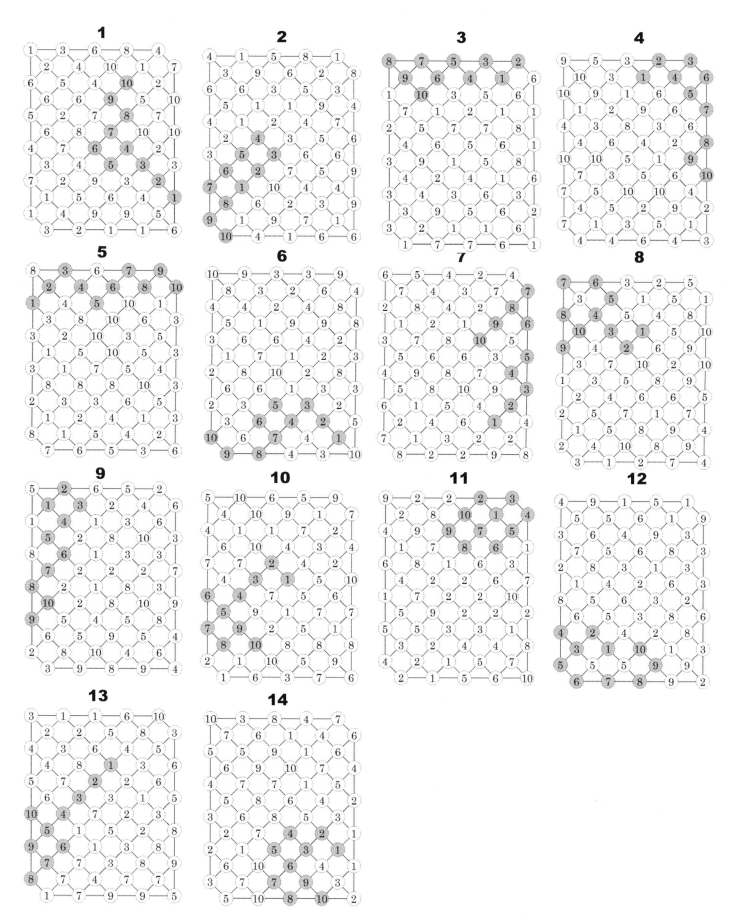

Solutions - 9x9 SUDOKU

1

3	7	9	1	8	5	4	2	6
5	1	4	2	6	7	8	3	9
8	2	6	4	3	9	5	1	7
9	6	3	8	4	1	2	7	5
7	8	1	5	2	6	9	4	3
4	5	2	7	9	3	6	8	1
2	9	7	6	1	4	3	5	8
6	4	5	3	7	8	1	9	2
1	3	8	9	5	2	7	6	4

2

4	7	2	5	9	8	1	3	6
5	8	3	2	1	6	7	4	9
1	6	9	4	3	7	8	2	5
3	5	6	9	8	2	4	1	7
8	1	7	6	5	4	2	9	3
2	9	4	3	7	1	5	6	8
6	2	5	7	4	3	9	8	1
9	3	1	8	2	5	6	7	4
7	4	8	1	6	9	3	5	2

3

3	9	4	2	7	8	6	1	5
8	7	6	5	4	1	2	3	9
1	5	2	9	6	3	8	4	7
6	1	9	3	8	2	5	7	4
4	8	5	6	1	7	9	2	3
7	2	3	4	9	5	1	6	8
9	3	1	8	2	4	7	5	6
2	4	8	7	5	6	3	9	1
5	6	7	1	3	9	4	8	2

4

4	2	1	5	3	6	8	9	7
5	9	7	8	2	4	6	3	1
6	3	8	1	7	9	2	5	4
8	5	3	4	9	7	1	6	2
2	1	6	3	5	8	7	4	9
7	4	9	2	6	1	5	8	3
9	6	2	7	8	3	4	1	5
1	8	5	9	4	2	3	7	6
3	7	4	6	1	5	9	2	8

5

4	9	6	5	1	7	8	3	2
7	2	3	9	6	8	1	5	4
5	8	1	4	3	2	9	6	7
2	5	4	8	9	3	6	7	1
6	3	8	1	7	5	4	2	9
1	7	9	2	4	6	5	8	3
3	1	2	6	8	4	7	9	5
8	4	7	3	5	9	2	1	6
9	6	5	7	2	1	3	4	8

6

2	9	7	1	5	4	3	6	8
5	3	8	6	2	7	1	9	4
1	6	4	9	8	3	5	7	2
7	8	3	2	1	5	9	4	6
4	5	1	7	6	9	2	8	3
9	2	6	4	3	8	7	1	5
6	1	5	8	7	2	4	3	9
3	7	9	5	4	6	8	2	1
8	4	2	3	9	1	6	5	7

7

9	8	7	5	3	6	2	1	4
5	1	2	7	9	4	6	8	3
4	3	6	2	8	1	5	7	9
8	4	9	1	5	7	3	2	6
6	7	3	9	2	8	4	5	1
1	2	5	6	4	3	7	9	8
3	5	1	8	6	2	9	4	7
7	9	4	3	1	5	8	6	2
2	6	8	4	7	9	1	3	5

8

5	9	1	3	8	6	2	7	4
8	2	3	9	7	4	5	1	6
7	4	6	1	5	2	3	8	9
3	8	5	2	9	7	4	6	1
4	7	2	6	3	1	9	5	8
6	1	9	5	4	8	7	2	3
9	3	7	8	6	5	1	4	2
2	6	4	7	1	9	8	3	5
1	5	8	4	2	3	6	9	7

9

3	1	8	9	7	5	2	6	4
6	7	9	8	4	2	3	5	1
5	4	2	6	1	3	7	9	8
4	9	3	2	6	1	8	7	5
2	5	7	4	9	8	6	1	3
8	6	1	5	3	7	9	4	2
9	8	6	3	5	4	1	2	7
1	2	4	7	8	6	5	3	9
7	3	5	1	2	9	4	8	6

10

2	6	9	5	4	8	1	7	3
5	4	3	7	9	1	2	8	6
1	8	7	2	3	6	5	4	9
7	5	8	9	1	3	4	6	2
4	3	2	8	6	7	9	1	5
6	9	1	4	5	2	7	3	8
8	7	5	3	2	4	6	9	1
3	2	6	1	7	9	8	5	4
9	1	4	6	8	5	3	2	7

11

3	8	6	4	1	7	9	2	5
2	5	7	8	3	9	6	1	4
4	9	1	5	6	2	8	7	3
7	6	8	2	9	5	4	3	1
5	4	2	1	8	3	7	6	9
1	3	9	6	7	4	2	5	8
6	7	5	3	4	8	1	9	2
8	1	3	9	2	6	5	4	7
9	2	4	7	5	1	3	8	6

12

1	3	4	8	2	7	9	6	5
9	5	8	1	6	3	7	4	2
7	6	2	4	9	5	3	8	1
2	7	5	6	4	1	8	3	9
4	1	9	3	7	8	5	2	6
3	8	6	9	5	2	4	1	7
6	2	3	7	8	9	1	5	4
8	4	7	5	1	6	2	9	3
5	9	1	2	3	4	6	7	8

13

7	6	5	2	9	8	4	1	3
9	2	1	5	3	4	6	8	7
8	4	3	1	6	7	9	5	2
6	5	9	7	4	3	1	2	8
3	8	2	6	1	5	7	4	9
4	1	7	9	8	2	3	6	5
5	3	6	4	2	9	8	7	1
2	9	4	8	7	1	5	3	6
1	7	8	3	5	6	2	9	4

14

9	5	3	4	2	6	8	1	7
7	8	1	9	5	3	4	6	2
4	2	6	1	8	7	3	9	5
5	6	8	7	4	2	1	3	9
1	7	4	3	9	5	2	8	6
2	3	9	6	1	8	7	5	4
3	9	5	8	7	4	6	2	1
8	4	2	5	6	1	9	7	3
6	1	7	2	3	9	5	4	8

Solutions - THERMOMETERS

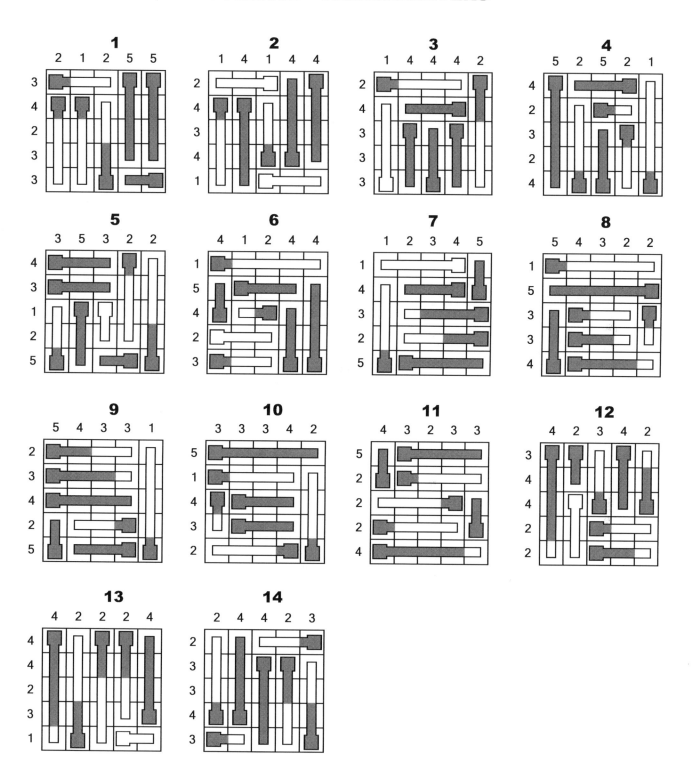

Solutions - 10x10 SUDOKU

1

9	4	3	5	10	6	7	8	1	2
8	7	2	1	6	9	4	3	5	10
4	8	9	10	2	1	6	7	3	5
6	1	5	7	3	10	8	2	9	4
7	10	4	3	9	2	1	5	8	6
1	2	6	8	5	7	9	4	10	3
10	6	8	2	4	3	5	9	7	1
5	3	7	9	1	4	10	6	2	8
2	9	10	4	8	5	3	1	6	7
3	5	1	6	7	8	2	10	4	9

2

9	6	10	1	7	2	3	5	4	8
8	3	5	4	2	7	6	9	10	1
4	9	3	2	1	10	8	6	5	7
10	8	7	6	5	3	9	4	1	2
1	10	6	9	4	8	5	7	2	3
7	5	2	8	3	9	10	1	6	4
2	1	8	3	6	4	7	10	9	5
5	4	9	7	10	1	2	3	8	6
3	2	1	5	9	6	4	8	7	10
6	7	4	10	8	5	1	2	3	9

3

6	1	8	2	4	5	7	9	10	3
5	7	3	9	10	4	6	2	1	8
3	2	7	5	1	10	4	8	6	9
10	9	6	4	8	3	5	1	7	2
2	5	10	7	9	8	1	3	4	6
4	8	1	6	3	2	10	5	9	7
1	6	9	3	5	7	2	4	8	10
7	10	4	8	2	9	3	6	5	1
9	4	2	10	6	1	8	7	3	5
8	3	5	1	7	6	9	10	2	4

4

9	5	8	2	1	10	3	4	7	6
3	10	7	6	4	9	2	5	1	8
10	7	1	3	6	2	9	8	4	5
4	8	2	5	9	3	1	6	10	7
1	6	5	4	10	8	7	9	2	3
7	2	9	8	3	1	6	10	5	4
8	1	3	9	7	4	5	2	6	10
5	4	6	10	2	7	8	3	9	1
6	9	10	1	8	5	4	7	3	2
2	3	4	7	5	6	10	1	8	9

5

6	8	1	2	9	3	10	7	5	4
5	3	10	4	7	2	1	6	9	8
2	9	7	10	4	6	5	8	3	1
3	5	6	8	1	4	7	10	2	9
1	7	9	3	6	10	4	5	8	2
8	2	4	5	10	1	9	3	6	7
4	6	8	1	3	7	2	9	10	5
7	10	5	9	2	8	6	1	4	3
9	1	2	6	8	5	3	4	7	10
10	4	3	7	5	9	8	2	1	6

6

3	9	8	6	7	10	5	4	1	2
5	2	10	1	4	9	6	3	8	7
4	3	1	5	2	6	7	8	9	10
9	7	6	10	8	3	1	2	5	4
7	10	3	2	5	1	4	9	6	8
8	6	9	4	1	5	2	7	10	3
2	1	4	8	6	7	10	5	3	9
10	5	7	3	9	4	8	6	2	1
6	4	2	9	10	8	3	1	7	5
1	8	5	7	3	2	9	10	4	6

7

5	4	2	1	9	10	3	6	8	7
6	3	8	10	7	5	9	2	1	4
1	2	3	5	8	9	6	7	4	10
10	7	6	9	4	3	2	1	5	8
7	8	5	3	6	2	10	4	9	1
4	1	9	2	10	6	7	8	3	5
8	5	10	6	2	1	4	3	7	9
3	9	4	7	1	8	5	10	2	6
9	10	1	4	3	7	8	5	6	2
2	6	7	8	5	4	1	9	10	3

8

5	3	4	10	7	6	8	2	1	9
8	9	1	6	2	7	5	3	10	4
7	2	5	9	3	10	1	6	4	8
6	4	10	1	8	3	7	9	5	2
2	5	8	7	9	1	3	4	6	10
3	10	6	4	1	5	2	8	9	7
4	7	9	8	5	2	6	10	3	1
10	1	2	3	6	4	9	7	8	5
9	6	7	5	4	8	10	1	2	3
1	8	3	2	10	9	4	5	7	6

9

8	7	6	1	9	10	2	3	4	5
2	10	4	5	3	1	6	7	8	9
3	2	9	8	5	7	1	4	10	6
10	4	1	7	6	5	8	2	9	3
6	1	8	3	2	4	9	5	7	10
7	5	10	9	4	6	3	1	2	8
4	8	3	6	1	2	10	9	5	7
5	9	2	10	7	3	4	8	6	1
9	3	7	4	10	8	5	6	1	2
1	6	5	2	8	9	7	10	3	4

10

5	1	2	8	7	6	4	10	9	3
4	6	10	3	9	1	7	2	5	8
1	10	4	9	2	8	3	6	7	5
6	8	5	7	3	9	10	4	1	2
7	9	1	6	5	4	2	8	3	10
2	4	3	10	8	5	1	9	6	7
9	3	7	5	10	2	6	1	8	4
8	2	6	1	4	7	5	3	10	9
3	5	8	2	1	10	9	7	4	6
10	7	9	4	6	3	8	5	2	1

11

9	7	1	6	10	5	2	8	4	3
8	5	4	2	3	7	10	9	6	1
7	9	5	1	6	3	8	2	10	4
2	3	10	4	8	6	7	1	9	5
1	2	3	10	9	4	5	6	8	7
5	4	6	8	7	2	9	3	1	10
10	6	7	3	1	8	4	5	2	9
4	8	9	5	2	10	1	7	3	6
6	10	2	9	5	1	3	4	7	8
3	1	8	7	4	9	6	10	5	2

12

5	10	6	9	4	7	3	1	2	8
2	8	1	7	3	4	5	9	10	6
1	9	7	4	5	8	10	6	3	2
6	3	10	2	8	5	1	7	4	9
9	7	5	10	2	1	6	4	8	3
3	4	8	1	6	2	9	10	7	5
4	5	9	8	7	10	2	3	6	1
10	2	3	6	1	9	7	8	5	4
7	6	4	5	9	3	8	2	1	10
8	1	2	3	10	6	4	5	9	7

13

9	1	10	5	4	6	2	7	8	3
2	3	6	7	8	9	5	4	1	10
1	8	5	6	10	3	7	9	2	4
3	2	7	4	9	10	1	8	6	5
6	7	1	10	3	5	4	2	9	8
5	4	8	9	2	1	6	3	10	7
4	6	3	2	7	8	9	10	5	1
10	5	9	8	1	4	3	6	7	2
8	9	2	3	5	7	10	1	4	6
7	10	4	1	6	2	8	5	3	9

14

7	8	10	4	5	6	1	2	9	3
6	2	3	1	9	10	8	5	4	7
10	1	5	7	6	2	9	4	3	8
9	3	4	8	2	1	10	7	5	6
4	9	2	6	8	3	5	1	7	10
3	5	7	10	1	8	4	6	2	9
8	4	1	5	3	9	7	10	6	2
2	7	6	9	10	5	3	8	1	4
5	6	8	3	7	4	2	9	10	1
1	10	9	2	4	7	6	3	8	5

Solutions - Numbrix

1

26	27	28	5	4	3
25	30	29	6	1	2
24	23	22	7	8	9
19	20	21	14	13	10
18	17	16	15	12	11

2

3	2	19	20	21	30
4	1	18	17	22	29
5	10	11	16	23	28
6	9	12	15	24	27
7	8	13	14	25	26

3

8	7	6	5	4	3
9	12	13	14	15	2
10	11	18	17	16	1
21	20	19	30	29	28
22	23	24	25	26	27

4

9	8	7	6	1	2
10	17	18	5	4	3
11	16	19	24	25	30
12	15	20	23	26	29
13	14	21	22	27	28

5

1	6	7	24	25	26
2	5	8	23	22	27
3	4	9	10	21	28
14	13	12	11	20	29
15	16	17	18	19	30

6

30	27	26	25	24	23
29	28	17	18	19	22
4	5	16	15	20	21
3	6	7	14	13	12
2	1	8	9	10	11

7

8	7	6	5	4	3
9	10	11	24	25	2
14	13	12	23	26	1
15	18	19	22	27	28
16	17	20	21	30	29

8

29	30	21	20	11	10
28	23	22	19	12	9
27	24	17	18	13	8
26	25	16	15	14	7
1	2	3	4	5	6

9

12	13	14	15	16	17
11	22	21	20	19	18
10	23	24	25	30	29
9	6	5	26	27	28
8	7	4	3	2	1

10

20	19	2	3	4	5
21	18	1	14	13	6
22	17	16	15	12	7
23	24	25	26	11	8
30	29	28	27	10	9

11

9	10	11	12	25	26
8	15	14	13	24	27
7	16	19	20	23	28
6	17	18	21	22	29
5	4	3	2	1	30

12

7	8	9	10	13	14
6	29	30	11	12	15
5	28	27	18	17	16
4	3	26	19	20	21
1	2	25	24	23	22

13

4	5	6	7	14	15
3	2	1	8	13	16
26	25	24	9	12	17
27	30	23	10	11	18
28	29	22	21	20	19

14

23	22	21	20	19	18
24	27	28	29	30	17
25	26	11	12	15	16
8	9	10	13	14	1
7	6	5	4	3	2

Solutions – EVEN-ODD SUDOKU

1

```
6 2 9 3 8 1 4 7 5
3 5 7 4 9 2 8 6 1
1 8 4 6 7 5 2 3 9
2 6 8 1 5 9 3 4 7
4 3 5 7 6 8 9 1 2
7 9 1 2 4 3 6 5 8
8 4 6 9 1 7 5 2 3
5 1 2 8 3 6 7 9 4
9 7 3 5 2 4 1 8 6
```

2

```
6 1 8 4 7 9 5 3 2
2 4 7 5 6 3 9 8 1
5 9 3 2 8 1 6 7 4
4 8 9 3 5 6 2 1 7
3 7 5 1 2 4 8 9 6
1 6 2 7 9 8 4 5 3
7 5 4 9 1 2 3 6 8
8 3 1 6 4 5 7 2 9
9 2 6 8 3 7 1 4 5
```

3

```
6 8 5 9 3 4 7 2 1
2 1 3 7 5 6 8 9 4
9 4 7 8 1 2 3 5 6
7 6 2 3 4 9 5 1 8
8 9 1 5 2 7 6 4 3
5 3 4 6 8 1 9 7 2
1 5 8 2 9 3 4 6 7
4 7 9 1 6 8 2 3 5
3 2 6 4 7 5 1 8 9
```

4

```
5 4 3 6 8 9 1 2 7
6 2 1 3 7 5 8 9 4
7 8 9 1 2 4 6 3 5
9 6 4 5 1 3 2 7 8
1 3 2 8 4 7 5 6 9
8 7 5 9 6 2 4 1 3
2 9 6 7 5 8 3 4 1
4 5 7 2 3 1 9 8 6
3 1 8 4 9 6 7 5 2
```

5

```
6 8 7 9 5 3 2 4 1
2 9 1 4 6 8 5 3 7
5 4 3 7 2 1 6 9 8
7 5 4 3 8 9 1 2 6
9 6 8 5 1 2 3 7 4
3 1 2 6 4 7 9 8 5
8 7 9 1 3 6 4 5 2
4 2 6 8 9 5 7 1 3
1 3 5 2 7 4 8 6 9
```

6

```
9 2 6 7 5 1 8 3 4
3 4 5 9 8 6 1 2 7
1 7 8 2 3 4 9 5 6
5 8 9 1 6 7 3 4 2
2 3 1 5 4 8 6 7 9
7 6 4 3 9 2 5 1 8
6 9 2 4 1 3 7 8 5
8 1 7 6 2 5 4 9 3
4 5 3 8 7 9 2 6 1
```

7

```
8 3 1 7 5 2 4 9 6
9 4 5 3 6 8 7 2 1
7 6 2 4 1 9 3 8 5
4 5 8 2 9 6 1 7 3
3 9 7 5 4 1 2 6 8
2 1 6 8 7 3 5 4 9
1 7 4 9 8 5 6 3 2
6 8 3 1 2 7 9 5 4
5 2 9 6 3 4 8 1 7
```

8

```
8 7 9 2 6 5 1 4 3
2 5 1 4 8 3 9 6 7
6 3 4 9 1 7 8 5 2
9 2 5 8 3 4 6 7 1
1 6 3 5 7 9 4 2 8
4 8 7 6 2 1 5 3 9
7 9 2 1 5 6 3 8 4
5 1 8 3 4 2 7 9 6
3 4 6 7 9 8 2 1 5
```

9

```
5 2 3 7 4 9 6 1 8
6 7 9 8 1 2 3 5 4
1 8 4 3 6 5 7 9 2
3 5 1 9 7 4 2 8 6
2 6 7 1 5 8 9 4 3
9 4 8 6 2 3 1 7 5
7 3 2 4 8 1 5 6 9
4 1 5 2 9 6 8 3 7
8 9 6 5 3 7 4 2 1
```

10

```
8 1 9 2 4 7 6 5 3
7 3 4 6 5 8 2 1 9
6 2 5 3 9 1 8 4 7
9 8 3 7 2 4 5 6 1
2 6 7 1 3 5 9 8 4
4 5 1 9 8 6 3 7 2
5 9 6 4 7 2 1 3 8
3 4 8 5 1 9 7 2 6
1 7 2 8 6 3 4 9 5
```

11

```
9 5 8 1 3 6 4 7 2
6 7 1 4 2 5 3 8 9
2 4 3 8 9 7 5 6 1
8 1 7 3 4 9 6 2 5
4 9 5 6 7 2 1 3 8
3 6 2 5 1 8 9 4 7
7 3 4 9 8 1 2 5 6
5 8 9 2 6 4 7 1 3
1 2 6 7 5 3 8 9 4
```

12

```
4 6 9 3 2 5 8 7 1
7 2 3 8 1 4 5 9 6
8 1 5 9 6 7 2 4 3
6 9 2 7 4 8 3 1 5
3 8 1 2 5 9 7 6 4
5 7 4 6 3 1 9 8 2
9 5 6 1 7 2 4 3 8
2 3 8 4 9 6 1 5 7
1 4 7 5 8 3 6 2 9
```

13

```
8 5 4 6 7 2 1 3 9
2 9 1 5 8 3 7 6 4
6 7 3 4 1 9 5 8 2
1 8 5 2 9 7 3 4 6
4 2 7 1 3 6 8 9 5
3 6 9 8 4 5 2 1 7
5 1 8 9 2 4 6 7 3
7 4 2 3 6 1 9 5 8
9 3 6 7 5 8 4 2 1
```

14

```
6 4 7 8 5 1 2 3 9
1 9 5 4 3 2 7 6 8
8 3 2 6 7 9 1 4 5
2 8 1 3 6 4 9 5 7
4 5 3 9 8 7 6 1 2
7 6 9 2 1 5 4 8 3
3 2 8 7 4 6 5 9 1
9 1 6 5 2 8 3 7 4
5 7 4 1 9 3 8 2 6
```

Solution - SAMURAI SUDOKU

1

483592	716		689	317245
562317	984		152	489736
179864	253		734	625981
637281	495		915	864372
954736	128		268	573419
821945	367		473	192568
315679	842	751	396	248157
248153	679	438	521	736894
796428	531	926	847	951623
	954	687	132	
	168	392	475	
	327	514	968	
546128	793	165	284	967135
893754	216	843	759	431862
721963	485	279	613	825749
614295	378		926	173458
385471	629		537	648921
972836	541		148	259376
459312	867		471	582693
168547	932		395	716284
237689	154		862	394517

2

548176	329		174	839625
937824	615		253	467891
261935	847		698	521347
825713	964		417	286539
419562	738		325	974186
673489	251		986	153472
192658	473	198	562	748913
354297	186	523	749	315268
786341	592	467	831	692754
	958	341	627	
	631	872	954	
	724	956	318	
961783	245	739	186	437592
352914	867	215	493	652178
847562	319	684	275	981346
673459	182		317	824965
198627	453		829	765431
425138	976		564	193287
214375	698		648	219753
586291	734		751	348629
739846	521		932	576814

3

126894	735		913	587426
795136	428		568	243719
843527	961		472	196358
257468	193		689	312547
431972	856		731	954682
968315	274		245	768931
574283	619	875	324	879165
312649	587	243	196	425873
689751	342	169	857	631294
	135	986	472	
	798	432	561	
	426	751	938	
543728	961	524	783	152694
721946	853	617	249	768351
968135	274	398	615	934278
296384	715		457	329186
134572	698		136	587429
875619	432		892	641537
459863	127		521	876943
687251	349		974	213865
312497	586		368	495712

4

952367	841		197	248635
841925	673		268	359147
673148	952		435	716298
729834	516		641	823759
386751	429		829	675314
415692	738		573	194862
568273	194	287	356	482971
137489	265	913	784	931526
294516	387	465	912	567483
	632	841	597	
	978	652	431	
	541	739	628	
697142	853	174	269	475138
341859	726	398	145	386297
852637	419	526	873	291465
934728	165		391	762584
175496	238		658	914723
268513	974		427	538619
426381	597		516	843972
513974	682		934	627851
789265	341		782	159346

5

263847	159		685	913427
819625	437		291	478653
754931	268		734	526819
541378	692		517	289346
937256	841		942	637581
628419	573		368	145792
396582	714	293	856	792134
472163	985	746	123	864975
185794	326	518	479	351268
	438	925	761	
	192	637	548	
	657	184	392	
718263	549	361	287	354961
649581	273	859	614	879352
235947	861	472	935	621784
961874	325		593	416278
387125	694		462	587139
524639	718		871	293546
493756	182		159	748623
856412	937		746	132895
172398	456		328	965417

6

684173	925		762	315849
521689	437		918	462357
937524	681		345	789621
369852	174		671	954238
712346	598		583	127964
845791	263		294	836175
478965	312	694	857	693412
293418	756	281	439	271586
156237	849	375	126	548793
	687	139	245	
	435	826	971	
	291	457	368	
943526	178	542	693	241758
582371	964	713	582	736419
176894	523	968	714	895362
259483	716		476	129835
437612	859		829	453176
618957	342		135	687924
394165	287		957	364281
825749	631		348	512697
761238	495		261	978543

7

918473	625		175	934286
375126	849		396	825714
462895	731		428	176539
896542	317		741	598623
124738	956		982	643175
537961	284		653	712498
251689	473	521	869	257341
789354	162	948	537	481962
643217	598	763	214	369857
	945	136	782	
	236	857	491	
	817	492	356	
345879	621	375	948	325716
972561	384	219	675	891423
168423	759	684	123	674598
583914	267		487	259631
426357	918		516	783249
791682	435		392	146875
859246	173		854	937162
637195	842		231	468957
214738	596		769	512384

8

428796	315		482	975613
795312	846		369	821574
613548	279		751	463829
864139	752		914	382765
952487	163		278	596431
371625	498		536	147982
287951	634	287	195	638247
536874	921	635	847	219356
149263	587	941	623	754198
	193	452	786	
	865	793	214	
	742	168	539	
756293	418	579	362	954781
134568	279	316	458	761293
289741	356	824	971	832456
891432	765		687	415329
563917	824		249	376815
427685	931		513	298647
315824	697		126	587934
642179	583		734	129568
978356	142		895	643172

9

183495	762		573	964218
475362	981		186	752934
962781	543		429	138756
829674	315		857	341692
714538	296		614	529873
356129	478		392	687145
547216	839	124	765	213489
291843	657	389	241	895367
638957	124	576	938	476521
	265	938	174	
	913	467	582	
	748	251	693	
253697	481	792	356	891427
891234	576	813	429	675813
674851	392	645	817	342965
369748	215		548	126379
582163	749		193	487652
147925	863		762	539184
935486	127		674	213598
728519	634		935	768241
416372	958		281	954736

Solutions - Snake

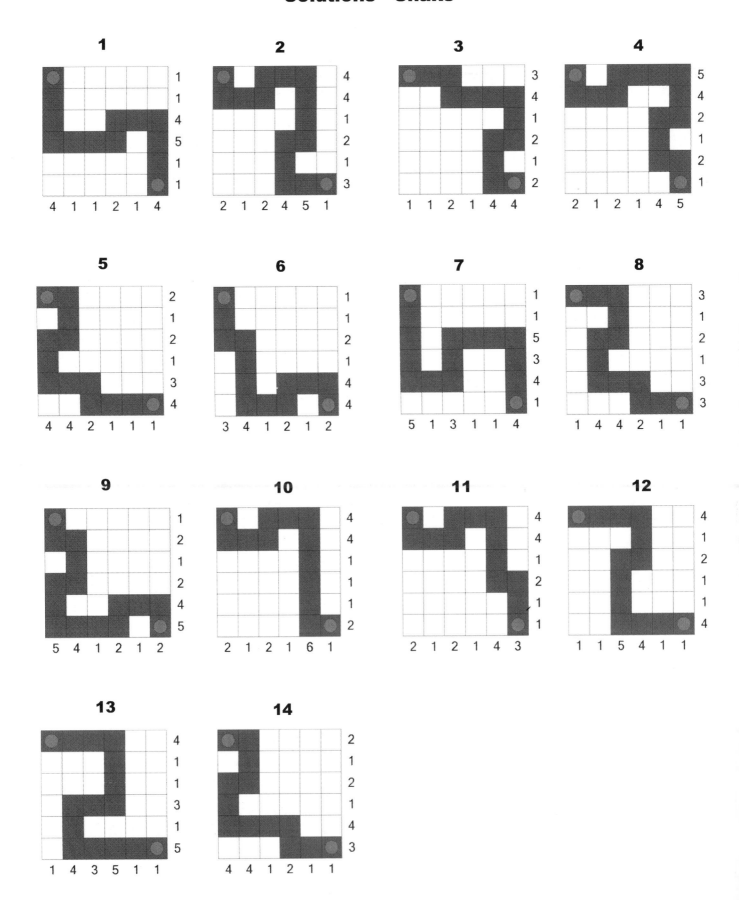

Solutions - KAKURO

1
8 5 · 7 5
9 4 8 5 7
· 9 1 4 ·
6 7 3 8 9
1 2 · 2 3

2
· 4 8 9
6 2 7 1 4
3 7 · 6 2
5 8 3 9 1
9 1 7 ·

3
· 3 7 · ·
1 2 6 9 3
4 1 · 2 4
2 7 3 4 6
· · 1 7 ·

4
1 6 · 2 1
4 5 1 9 3
· 1 4 7 ·
7 2 9 4 5
4 9 · 1 7

5
6 7 · 3 2
5 3 1 2 9
· 2 4 7 ·
8 4 9 1 3
2 1 · 4 9

6
· 6 8 4 ·
3 8 9 5 2
8 1 · 1 9
9 5 1 3 4
· 4 7 6 ·

7
2 1 · 5 6
5 2 8 9 3
· 3 9 7 ·
1 5 7 2 3
8 6 · 8 7

8
2 6 5 · ·
8 7 2 5 6
1 2 · 8 2
3 1 8 7 5
· · 6 9 3

9
7 8 · 8 2
8 1 7 9 6
· 3 5 4 ·
8 4 1 2 6
4 7 · 6 4

10
2 7 · 2 6
3 1 6 7 8
· 4 3 5 ·
7 2 8 6 9
5 9 · 3 2

11
· 2 6 · ·
2 8 5 9 3
4 6 2 5 9
3 5 9 4 2
· · 8 6 ·

12
8 7 · 7 5
5 6 2 4 7
· 3 5 9 ·
1 2 4 3 5
2 4 · 1 8

13
7 6 · 9 1
2 7 1 6 9
· 1 9 8 ·
5 9 6 2 3
3 4 · 3 5

14
· 1 8 · ·
· 2 5 7 9
1 5 3 8 4
5 3 4 2 ·
· 2 9 · ·

95

Solutions - BRICKS

1

```
6 9 4 3 2 1 8 5 7
7 6 1 2 5 9 4 3 8
9 2 8 5 7 6 3 4 1
3 1 2 9 4 8 5 7 6
8 3 9 4 6 7 1 2 5
1 4 3 7 8 5 6 9 2
2 7 5 8 1 4 9 6 3
5 8 7 6 9 3 2 1 4
4 5 6 1 3 2 7 8 9
```

2

```
2 9 8 3 6 7 1 4 5
3 6 5 8 7 9 2 1 4
6 7 1 4 5 2 9 8 3
9 4 7 2 1 5 6 3 8
1 2 9 6 3 4 8 5 7
7 3 6 1 4 8 5 9 2
8 5 4 7 9 6 3 2 1
5 8 3 9 2 1 4 7 6
4 1 2 5 8 3 7 6 9
```

3

```
2 7 1 8 3 4 6 9 5
1 2 3 9 8 7 4 5 6
6 1 2 7 4 3 5 8 9
9 4 7 1 6 5 2 3 8
7 8 4 3 5 2 9 6 1
3 6 5 4 1 9 8 7 2
4 3 8 5 9 6 1 2 7
5 9 6 2 7 8 3 1 4
8 5 9 6 2 1 7 4 3
```

4

```
5 8 3 2 7 4 1 6 9
9 3 8 5 4 2 7 1 6
4 5 6 7 8 1 2 9 3
1 2 5 8 9 3 6 7 4
8 9 7 4 3 6 5 2 1
7 4 1 6 5 9 8 3 2
6 7 2 9 1 8 3 4 5
3 6 9 1 2 7 4 5 8
2 1 4 3 6 5 9 8 7
```

5

```
5 2 9 6 1 8 4 3 7
3 8 5 1 4 9 2 7 6
4 1 8 9 6 7 3 2 5
9 4 3 7 2 5 6 1 8
8 7 2 3 5 4 9 6 1
1 6 7 2 9 3 8 5 4
2 3 6 5 8 1 7 4 9
7 5 4 8 3 6 1 9 2
6 9 1 4 7 2 5 8 3
```

6

```
4 7 1 8 2 5 6 9 3
9 1 4 3 6 8 7 5 2
8 9 7 4 1 6 3 2 5
7 4 3 2 5 9 8 1 6
6 3 8 1 9 2 5 4 7
1 6 5 9 8 3 2 7 4
3 8 2 5 4 7 1 6 9
5 2 9 6 7 1 4 3 8
2 5 6 7 3 4 9 8 1
```

7

```
7 2 9 8 1 4 5 6 3
5 3 8 2 9 7 6 1 4
8 9 5 6 4 3 1 2 7
1 4 3 7 6 8 9 5 2
6 5 2 3 8 1 7 4 9
9 8 7 1 2 5 4 3 6
2 7 4 5 3 6 8 9 1
3 6 1 4 5 9 2 7 8
4 1 6 9 7 2 3 8 5
```

8

```
6 1 7 4 5 8 2 9 3
9 7 2 1 6 3 8 5 4
4 9 3 2 7 6 1 8 5
3 8 1 5 2 9 4 7 6
2 5 8 3 4 1 9 6 7
5 4 9 8 3 7 6 1 2
7 6 4 9 8 5 3 2 1
1 2 5 6 9 4 7 3 8
8 3 6 7 1 2 5 4 9
```

9

```
2 9 1 4 7 8 6 5 3
9 6 3 5 8 1 2 7 4
4 7 2 9 3 6 5 8 1
1 4 5 6 9 7 8 3 2
8 1 4 3 6 9 7 2 5
7 3 6 1 2 5 4 9 8
6 5 8 7 1 2 3 4 9
3 2 7 8 5 4 9 1 6
5 8 9 2 4 3 1 6 7
```

10

```
4 7 3 8 5 2 6 9 1
3 5 8 1 6 9 2 7 4
7 8 5 4 1 6 3 2 9
9 6 1 2 3 4 7 5 8
8 3 2 5 4 1 9 6 7
5 2 9 7 8 3 4 1 6
6 9 4 3 2 7 1 8 5
1 4 7 6 9 5 8 3 2
2 1 6 9 7 8 5 4 3
```

11

```
9 2 4 7 5 6 3 8 1
3 4 7 9 6 5 2 1 8
4 5 8 3 2 7 1 6 9
7 8 9 6 1 3 4 5 2
2 7 6 1 8 9 5 4 3
1 9 2 5 4 8 7 3 6
6 1 5 8 3 4 9 2 7
5 6 3 2 7 1 8 9 4
8 3 1 4 9 2 6 7 5
```

12

```
8 9 4 3 2 1 5 6 7
9 8 7 2 1 5 6 3 4
2 7 9 6 8 3 1 4 5
7 2 1 9 4 8 3 5 6
5 4 2 7 9 6 8 1 3
3 1 8 5 6 7 4 9 2
4 3 6 1 5 2 7 8 9
1 6 5 4 3 9 2 7 8
6 5 3 8 7 4 9 2 1
```

13

```
6 7 9 4 1 2 8 3 5
5 8 1 6 7 4 3 9 2
4 3 6 1 8 7 5 2 9
1 2 7 8 3 9 4 5 6
3 4 5 2 9 8 7 6 1
7 5 8 9 2 3 6 1 4
2 9 4 3 5 6 1 8 7
9 6 3 5 4 1 2 7 8
8 1 2 7 6 5 9 4 3
```

14

```
3 4 9 2 8 5 7 6 1
5 8 1 6 9 7 2 3 4
2 3 6 1 7 4 9 8 5
9 2 7 4 5 3 6 1 8
8 9 2 5 1 6 3 4 7
7 5 4 3 2 1 8 9 6
4 7 5 8 6 9 1 2 3
1 6 3 9 4 8 5 7 2
6 1 8 7 3 2 4 5 9
```

Solutions - MAZES

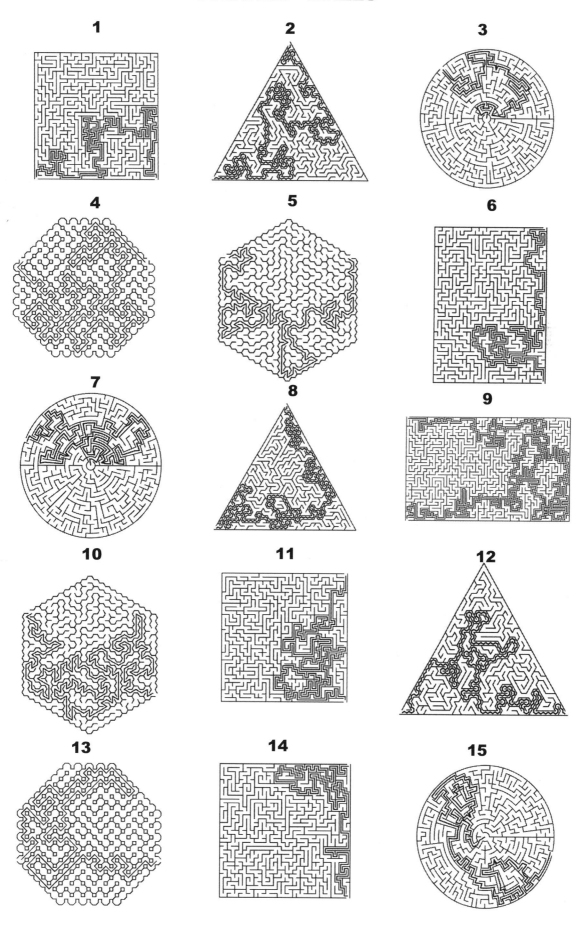

Solutions – TRIPLE DOKU

1

```
6 8 4 1 9 5 2 3 7
3 1 5 2 7 6 9 4 8
2 9 7 3 4 8 1 6 5
5 6 8 7 3 9 4 1 2
7 2 9 4 6 1 5 8 3
4 3 1 5 8 2 7 9 6
9 7 3 6 2 4 8 5 1 9 7 3
8 5 6 9 1 7 3 2 4 5 8 6
1 4 2 8 5 3 6 7 9 1 2 4
        4 3 6 1 9 2 8 5 7
        5 7 9 4 8 3 2 6 1
        2 8 1 5 6 7 3 4 9
        1 6 5 9 4 8 7 3 2 1 6 5
        3 4 2 7 1 5 6 9 8 2 3 4
        7 9 8 2 3 6 4 1 5 9 7 8
                1 5 7 8 6 9 3 4 2
                3 9 4 5 2 7 6 8 1
                8 6 2 3 4 1 5 9 7
                4 2 3 1 8 6 7 5 9
                6 7 1 9 5 4 8 2 3
                5 8 9 2 7 3 4 1 6
```

2

```
1 8 3 7 5 4 2 6 9
7 9 5 6 2 3 1 8 4
2 6 4 9 1 8 7 3 5
6 4 9 3 7 2 8 5 1
8 2 7 1 4 5 3 9 6
5 3 1 8 9 6 4 2 7
9 5 2 4 8 1 6 7 3 9 5 2
4 7 6 2 3 9 5 1 8 4 7 6
3 1 8 5 6 7 9 4 2 3 1 8
        6 2 4 1 3 7 8 9 5
        9 1 3 8 6 5 7 2 4
        8 7 5 4 2 9 6 3 1
        7 4 2 3 5 6 1 8 9 7 4 2
        3 9 6 2 8 1 5 4 7 3 6 9
        1 5 8 7 9 4 2 6 3 5 1 8
                8 4 3 9 7 1 6 2 5
                6 1 7 4 5 2 9 8 3
                9 2 5 8 3 6 4 7 1
                1 3 9 6 2 4 8 5 7
                5 6 2 7 9 8 1 3 4
                4 7 8 3 1 5 2 9 6
```

3

```
5 3 7 9 4 6 1 8 2
9 8 1 7 5 2 4 6 3
4 2 6 8 1 3 5 7 9
2 9 3 1 8 5 7 4 6
7 6 5 4 2 9 3 1 8
1 4 8 6 3 7 9 2 5
8 1 9 3 6 4 2 5 7 8 9 1
6 7 2 5 9 1 8 3 4 2 6 7
3 5 4 2 7 8 6 9 1 4 3 5
        4 8 3 7 2 5 6 1 9
        9 5 2 3 1 6 7 8 4
        7 1 6 9 4 8 5 2 3
        8 3 9 4 7 2 1 5 6 9 3 8
        1 2 7 5 6 9 3 4 8 1 2 7
        6 4 5 1 8 3 9 7 2 4 5 6
                2 5 6 7 3 4 8 1 9
                3 4 7 8 9 1 5 6 2
                8 9 1 2 6 5 3 7 4
                6 2 4 5 1 9 7 8 3
                7 1 8 4 2 3 6 9 5
                9 3 5 6 8 7 2 4 1
```

4

```
9 1 8 7 2 6 4 3 5
6 7 5 3 9 4 8 2 1
3 4 2 1 5 8 7 6 9
8 9 4 2 6 3 5 1 7
2 6 7 5 4 1 3 9 8
5 3 1 8 7 9 6 4 2
4 5 6 9 8 2 1 7 3 5 4 6
7 2 3 4 1 5 9 8 6 2 3 7
1 8 9 6 3 7 2 5 4 9 8 1
        5 4 3 7 6 1 8 9 2
        7 2 1 8 3 9 4 6 5
        8 9 6 4 2 5 7 1 3
        1 5 8 3 4 2 6 7 9 1 5 8
        3 6 4 5 9 7 1 2 8 6 4 3
        2 7 9 6 1 8 3 5 4 7 2 9
                7 3 5 8 9 6 2 1 4
                2 8 4 7 3 1 5 9 6
                1 6 9 5 4 2 3 8 7
                8 7 1 9 6 5 4 3 2
                9 2 6 4 1 3 8 7 5
                4 5 3 2 8 7 9 6 1
```

5

```
8 9 6 1 4 7 5 2 3
3 7 4 6 2 5 9 1 8
5 1 2 3 9 8 6 7 4
4 6 9 8 5 2 7 3 1
2 8 1 7 3 6 4 5 9
7 5 3 4 1 9 8 6 2
9 3 8 5 7 1 2 4 6 9 8 3
6 4 5 2 8 3 1 9 7 5 6 4
1 2 7 9 6 4 3 8 5 1 7 2
        3 9 8 4 7 2 6 5 1
        4 1 2 6 5 8 7 3 9
        7 5 6 9 3 1 2 4 8
        1 4 9 5 6 3 8 2 7 4 9 1
        8 3 5 7 2 9 4 1 6 8 5 3
        6 2 7 8 1 4 3 9 5 2 6 7
                1 4 7 6 5 3 9 8 2
                2 3 8 7 4 9 6 1 5
                6 9 5 2 8 1 3 7 4
                4 8 1 9 7 2 5 3 6
                3 7 2 5 6 8 1 4 9
                9 5 6 1 3 4 7 2 8
```

6

```
7 6 1 5 8 3 2 9 4
9 3 4 6 1 2 7 8 5
5 2 8 9 4 7 3 6 1
6 7 3 1 5 4 8 2 9
1 4 2 8 3 9 6 5 7
8 9 5 7 2 6 4 1 3
2 1 7 4 6 5 9 3 8 1 7 2
4 8 6 3 9 1 5 7 2 6 8 4
3 5 9 2 7 8 1 4 6 3 9 5
        8 3 2 6 5 9 4 1 7
        6 5 7 4 1 3 8 2 9
        9 1 4 2 8 7 5 3 6
        5 4 9 3 2 1 7 6 8 5 4 9
        7 2 3 8 6 4 9 5 1 2 7 3
        1 8 6 7 9 5 2 4 3 8 6 1
                1 4 6 3 2 5 9 8 7
                9 3 2 4 8 7 1 5 6
                5 8 7 1 9 6 3 2 4
                2 1 9 8 7 4 6 3 5
                4 5 3 6 1 2 7 9 8
                6 7 8 5 3 9 4 1 2
```

Solutions – TRIPLE DOKU

7

```
3 7 5 4 1 9 2 8 6
6 1 4 5 8 2 7 3 9
9 2 8 6 3 7 5 4 1
8 5 9 2 6 1 4 7 3
4 3 1 9 7 8 6 2 5
2 6 7 3 4 5 1 9 8
5 4 2 8 9 6 3 1 7 | 4 5 2
7 8 6 1 2 3 9 5 4 | 8 6 7
1 9 3 7 5 4 8 6 2 | 1 3 9
          2 3 5 4 8 6 7 9 1
          6 8 1 7 9 3 5 2 4
          4 7 9 5 2 1 6 8 3
          9 6 2 1 4 8 3 7 5 | 2 6 9
          3 1 8 2 7 5 9 4 6 | 8 3 1
          5 4 7 6 3 9 2 1 8 | 4 5 7
                    3 8 2 1 5 9 6 7 4
                    4 9 6 7 2 3 1 8 5
                    7 5 1 8 6 4 9 2 3
                    9 2 3 4 8 7 5 1 6
                    5 1 4 6 3 2 7 9 8
                    8 6 7 5 9 1 3 4 2
```

8

```
7 6 2 4 1 9 5 8 3
3 8 1 2 6 5 4 9 7
9 5 4 8 3 7 2 6 1
8 1 7 3 2 4 6 5 9
6 3 9 5 7 8 1 2 4
2 4 5 1 9 6 3 7 8
1 2 8 9 5 3 7 4 6 | 1 8 2
4 7 3 6 8 2 9 1 5 | 3 4 7
5 9 6 7 4 1 8 3 2 | 6 5 9
          4 7 6 2 5 8 9 3 1
          3 9 8 1 6 4 7 2 5
          1 2 5 3 9 7 4 6 8
          5 3 7 6 8 9 2 1 4 | 5 7 3
          2 1 4 5 7 3 8 9 6 | 1 4 2
          8 6 9 4 2 1 5 7 3 | 9 6 8
                    3 9 5 4 6 1 8 2 7
                    7 1 6 9 8 2 3 5 4
                    8 4 2 7 3 5 6 9 1
                    9 5 7 3 4 8 2 1 6
                    1 3 4 6 2 9 7 8 5
                    2 6 8 1 5 7 4 3 9
```

9

```
8 4 6 3 1 5 9 2 7
7 3 1 2 4 9 8 6 5
9 5 2 6 7 8 3 1 4
3 8 9 1 5 4 2 7 6
1 6 5 7 3 2 4 9 8
2 7 4 8 9 6 1 5 3
5 1 7 4 2 3 6 8 9 | 1 5 7
6 9 3 5 8 1 7 4 2 | 6 3 9
4 2 8 9 6 7 5 3 1 | 8 2 4
          2 7 8 1 6 5 9 4 3
          6 1 9 3 7 4 5 8 2
          3 5 4 9 2 8 7 1 6
          8 9 2 4 5 6 3 7 1 | 8 9 2
          1 3 5 2 9 7 4 6 8 | 1 5 3
          7 4 6 8 1 3 2 9 5 | 7 6 4
                    7 4 9 1 8 3 6 2 5
                    1 3 2 6 5 7 9 4 8
                    6 8 5 9 2 4 3 1 7
                    3 2 4 8 1 6 5 7 9
                    5 6 8 7 4 9 2 3 1
                    9 7 1 5 3 2 4 8 6
```

Solutions – FIND THE WORDS

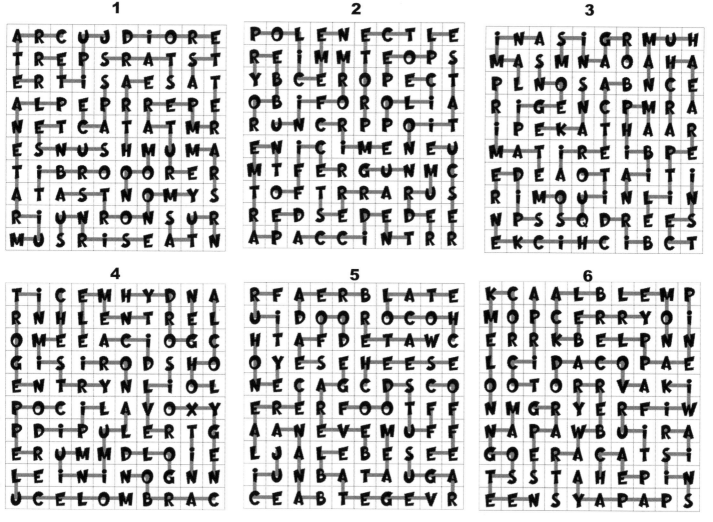

Solutions – FIND THE WORDS

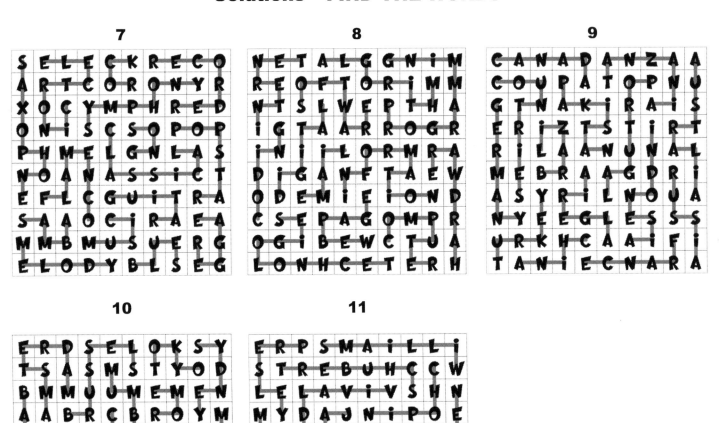

7

```
S E L E C K R E C O
A R T C O R O N Y R
X O C Y M P H R E D
O N I S C S O P O P
P H M E L G N L A S
N O A W A S S I C T
E F L C G U I T R A
S A A O C I R A E A
M M B M U S U E R G
E L O D Y B L S E G
```

8

```
N E T A L G G N I M
R E O F T O R I M M
N T S L W E P T H A
I G T A A R R O G R
I N I I L O R M R A
D I G A W F T A E W
O D E M I E I O N D
C S E P A G O M P R
O G I B E W C T U A
L O N H C E T E R H
```

9

```
C A N A D A N Z A A
C O U P A T O P W U
G T N A K I R A I S
E R I Z T S T I R T
R I L A A N U N A L
M E B R A A G D R I
A S Y R I L N O U A
N Y E E G L E S S S
U R K H C A A I F I
T A N I E C N A R A
```

10

```
E R D S E L O K S Y
T S A S M S T Y O D
B M M U U M E M E N
A A B R C B R O Y M
N E I T I A E J D A
G S B E M I R I R T
K O K R E S U D L E
V N I L L A D N O H
I N A O R N O A P R
E N C A I S I R N A
```

11

```
E R P S M A I L L I
S T R E B U H C C W
L E L A V I V S H N
M Y D A J N I P O E
U S I C D R E V S V
M I C K I L E L R O
O A I S O E S T E H
Z N P U N N E A S T
A R T C O N B P O E
I N I C N C O M B E
```

Solutions – STAR SUDOKU

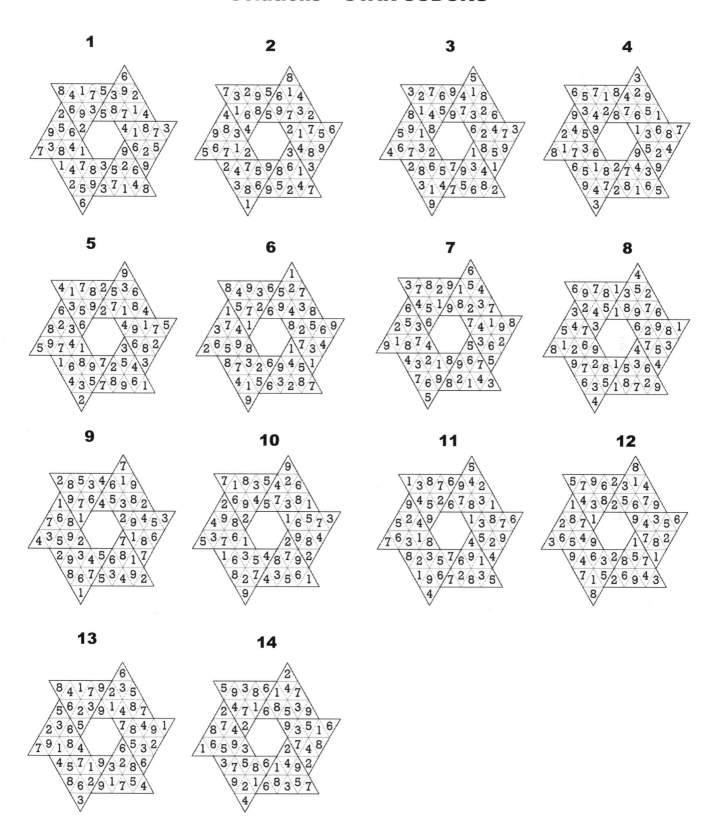

Solutions – PUZZLE MANDALA

#1 – f, #2 – d, #3 – a, #4 – c, #5 – b, #6 – b

Solutions – Spiderweb

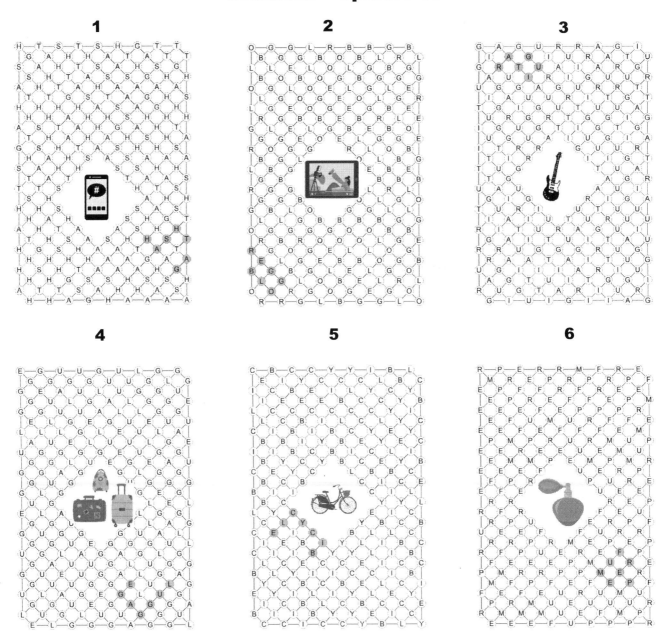

Made in the USA
Las Vegas, NV
13 June 2023

73376678R00057